100 preguntas sobre AUTISMO

Las respuestas que los PADRES necesitan conocer

MARTHA OLIVERA BAPTISTA

100 preguntas sobre AUTISMO

Las respuestas que los PADRES necesitan conocer

Ediciones
De La Parra

Primera Edición
Venezuela, 2020

Título:

100 preguntas sobre AUTISMO

Las respuestas que los PADRES necesitan conocer

Autora:
Martha Olivera Baptista

Producción editorial:
Ediciones De La Parra

Corrección de textos:
Ana Magaly Reyes Hill
Álvaro Parra Pinto

Diseño de portada:
Anna Stembock
Diego Stembock

Diseño de portadas de capítulos:
Amanda Silva

Primera edición
Venezuela, 2020

ISBN: 9798673211687

Dedicatoria

*A Rodolfo y Marina, quienes me recuerdan todos
los días que nada es imposible.*

*A Panda y Juanpa, principio y final de todas mis
razones.*

*A todos los que aman a alguien con autismo
a los que aman desde el autismo.*

Pró-lo-go

Esto que lees es un prólogo con tres partes, **Pró, Lo** y **Go.**

Pró habla de qué hace este libro sobre autismo diferente. **Lo** señala para quien está escrito y **Go** comenta sobre como este texto encontró su momento. Lee cualquiera en cualquier orden y ojalá sientas que este libro está escrito para ti.

Pró

En **Pro** de una mejor humanidad hay que agradecer que existan libros como este. Los que hemos tenido la suerte de conocer de manera cercana a alguien con autismo agradecemos infinitamente esa vivencia. Sentimos que no estábamos completos como humanos antes de haberla tenido. Pensamos que el desafío de conocer el autismo y amar a alguien con esta condición nos convirtió en mejores personas

Pues bien, este libro está escrito con esos sentimientos de amor hacia eso que hace a algunas personas diferentes. Encontrarás conocimiento y ternura aquí y quizá una puerta por la que pasas a un sitio donde te conviertes en mejor persona.

Pero hay muchos libros sobre autismo. ¿Por qué este es especial? Porque está escrito desde la experiencia de conversar con padres sobre todo lo que les inquieta y quieren preguntar. Cada pregunta es una necesidad muy sentida dentro del alma de padres de niños o jóvenes con la condición autista y por eso cada respuesta es un mensaje simple donde el conocimiento que transporta llega directo al lector a través del camino que une al cerebro y el corazón.

Lo

Lo que encontrarás en este libro en un conocimiento esmeradamente redactado para ser comprendido por los padres de personas con autismo. Notarás que está escrito sin pose, sin disfraces, sin palabras rebuscadas.

Cada respuesta responde a una inquietud real y transporta un mensaje diáfano. Es así este un libro para la parada del bus o la antesala del consultorio. También para comentar en la noche con la familia. Se puede leer de cualquier forma, completo, de principio a fin, o lo que específicamente nos interesa.

Cada párrafo existe para aclarar una duda. Se trata de un texto que le hablará a cualquier padre o madre que un día recibe un diagnóstico de autismo y eso le despierta, como una cascada interminable, numerosas emociones y preguntas. Por su sencillez en contenido y forma servirá también para familiares, amigos y personas con autismo necesitadas de respuestas en palabras simples y directas.

Go

Todo en la vida tiene su momento de ir, su momento en que vamos en busca de algo que deseamos y en el que además ocurre que todo se da como si el universo fuera cómplice de nuestros deseos. Lo llamamos momento **Go.**

En esos momentos una semilla germina con fuerza. En lo que sigue, si estás interesado, te contamos el momento **Go** que dio luz este libro. Si tienes prisa salta el relato y ve directo al último párrafo.

Quienes conocen a Martha saben que es una persona alegre y sensible, con una capacidad genial para conectarse en una conversación con los padres y en un juego con los niños. Al consultorio de Martha siempre van pues familias que entran con inquietudes y salen energizadas con actividades y metas.

Durante años muchos padres han pasado por el consultorio de Martha. Por años, como un alter-ego, hemos conversado con Martha cada historia y cada inquietud. Martha, que es una profesional excelente y diligente, siempre ha anotado disciplinalmente las preguntas y en numerosos cafés hemos disertado sobre cuál podría ser la mejor respuesta.

En los inicios de marzo del 2020 Martha me visitó para trabajar intensivamente por tres días. Como todos los años haríamos importantes cambios de actualización y mejoras en el Diplomado Cooperativo en Autismo de **RedParaCrecer**, iniciativa con la que atendemos a participantes de unos quince países. Estábamos listos, con este trabajo finalizado, y Martha a punto de irse cuando se decretó la pandemia del Covid-19. Nadie podía salir ni viajar.

Para muchos la cuarentena ha sido un gran problema. En este caso fue una inesperada coincidencia que en nuestro quehacer de innovación social en la causa del autismo emergió un momento **Go**. Fue energizante. Trabajamos con mucho entusiasmo durante tres meses. Martha siguió atendiendo en línea a sus familias. Por mi lado, continué también con mi trabajo. Adicionalmente a nuestras actividades, cada día, conversamos varias veces cada pregunta y cada respuesta. Era importante lograr que fuesen claras, directas y simples.

Fue un disfrute diario como este proyecto, que había sido un sueño, se concretó en su momento **Go**.

Ahora, por alguna coincidencia, tú tienes ante tus ojos este libro especial. Piensa que quizá no fue casualidad. Hojea las preguntas, quizá encuentres las tuyas. Quizá estás en una puerta, a punto de comenzar un momento **Go**, significativo en tu vida.

Cheo Silva

Bucaramanga, julio de 2020

Contenido

CRÉDITOS DE FOTOGRAFÍAS Y DIBUJOS 159

Introducción

Este libro reúne las preguntas formuladas por los padres de niños y jóvenes dentro de la condición autista que he atendido por más de una década a lo largo de mi trabajo, en mi consultorio, en los talleres de **RedParaCrecer**, Red iberoamericana en la causa del autismo del cual soy cofundadora, y en encuentros con padres y que han permanecido guardadas con la promesa de responderlas y aportar un granito de arena en el camino por el que transita cada familia.

Son muchas las historias. Para mí cada familia es única y es muy grato verlas llegar con inquietudes y verlas salir contentas y deseosas de continuar en casa lo conversado. Los padres son agradecidos y los niños ni se diga. De mi parte, también experimento gratitud por los buenos sentimientos que me inspiran y la oportunidad que me brindan de participar en el desarrollo de sus hijos.

Cuidadosamente, registro cada pregunta y cada inquietud y las guardo como una semillita. Con el tiempo las semillas germinan y tengo ante mí un jardín de aprendizajes. Las flores de este jardín son lo que hoy quiero compartir: "100 preguntas sobre el AUTISMO; las respuestas que los PADRES necesitan conocer"

Suelen ser los padres los primeros que detectan que algo pasa con su hijo, he escuchado frases como "yo sabía que entre mi hijo y yo había un silencio".

Después que se realiza un diagnóstico de autismo son infinitas las dudas, las inquietudes y las preguntas que se formulan las familias, todas válidas. Muchas veces, lo que les impide dar el siguiente paso es la incertidumbre sobre cómo proceder, producto de temores, dudas y desaciertos. Este libro pretende ayudar en esos casos.

Cada padre sigue sus propias etapas desde el diagnóstico y los veo llegar con dos tipos de sentimientos diferentes. Uno, donde perciben lo recibido como un peso sobre sus hombros, con una especie de cruz que les tocó y con la cual tienen que caminar resignados. Otro, desde una aceptación activa que les incita a buscar las mejores alternativas para la familia. En este segundo caso los padres muestran el deseo de unir todas sus fuerzas para devorarse el mundo con su hijo.

Cada niño aprende y florece si se le brinda un ambiente óptimo. Este libro pretende ser un aliado que sume y sirva de guía a todos los padres, independientemente de sus sentimientos actuales. Es mi esperanza que encuentren en las páginas que siguen respuestas a muchas de sus preguntas.

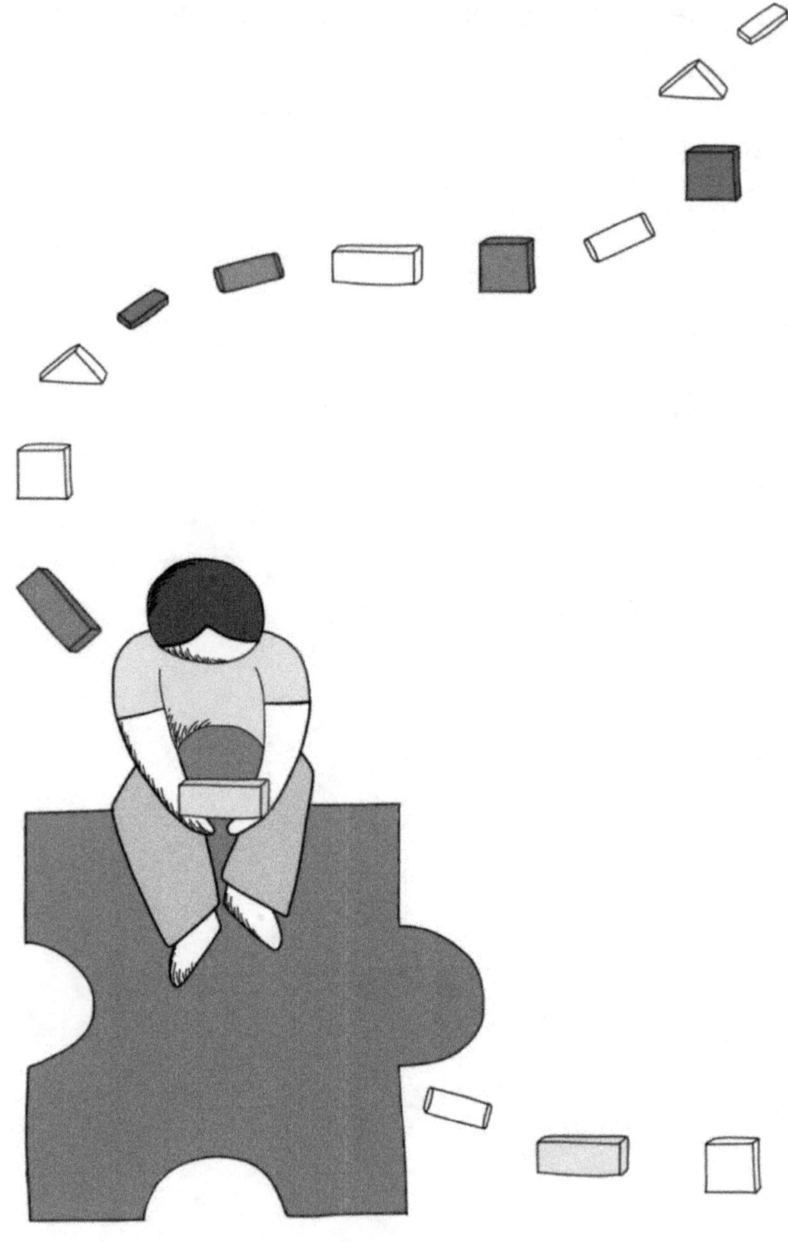

Autismo

"Sabía que entre mi hijo y yo había un silencio..."
(Una mamá en mi consultorio)

1. Nos dieron un diagnóstico de Autismo ¿Qué se supone que debemos hacer ahora?

Conocer que su hijo está dentro del espectro autista puede causar una conmoción en la familia. Un diagnóstico viene con muchas emociones juntas.

Es importante decantar los sentimientos para luego ordenar las ideas. Esto incluye la necesidad de vivir las diferentes etapas y buscar información verás, fundamentada y actualizada.

Si bien Internet es el medio ideal, hay que hacerlo con precaución y evaluar las fuentes de donde proviene la información.

Los dos lugares donde el niño pasa la mayor parte del tiempo son su hogar y la escuela, entender esto, evidencia la necesidad de que la familia se empodere.

El objetivo debe ser la aceptación del diagnóstico y el establecimiento de un plan de trabajo para facilitar el desenvolvimiento personal y social del niño, así como la evolución familiar.

2. ¿Es prudente buscar diferentes opiniones después de que se recibe un diagnóstico de Autismo?

Sí. Buscar segundas opiniones de profesionales con experiencia en autismo es un derecho que se tiene como familia y hasta cierto punto, también un deber, tomando en cuenta que está en juego el desarrollo integral del hijo.

Los padres requieren de personas que tengan el conocimiento adecuado y con los cuales puedan entenderse para planificar y ejecutar las acciones necesarias.

También es importante que los padres sepan poner un alto a la búsqueda de nuevas opiniones y no se pierdan en numerosos diagnósticos.

Hay un momento en que ya no se trata de buscar más alternativas sino de concentrarse en el inicio de las acciones del abordaje temprano con el hijo.

3. ¿Qué es el Autismo?

Se define como una condición que comienza a manifestarse a edades tempranas y que se caracteriza por presentar desafíos en destrezas sociales y de comunicación, conducta e intereses restringidos y un procesamiento sensorial atípico.

Algunas personas requieren un apoyo significativo en su vida diaria, otras necesitan menos apoyo y contención e incluso hay personas quienes, por su alto grado de independencia, solo les hacen falta ayuda en momentos puntuales.

4. ¿Desde cuándo existe el Autismo?

El autismo existe desde que hay humanidad, nació con ella y ha estado siempre. Lo que es nuevo es la comprensión y la consciencia de que ha existido como parte de nosotros, lo que lleva apenas décadas. Recientemente se ha venido comprendiendo como condición de vida y como un espectro variado de múltiples dimensiones.

Los hallazgos de la genética y la arqueología en la actualidad señalan evidencias que nos confirman que en la prehistoria de la humanidad había autismo.

El autismo es transversal socialmente. Está en todos los países y grupos étnicos y es independiente de la condición social.

5. El Autismo ¿es una condición rara?

Hasta hace poco se pensaba que sí. Ya no.

En los sitios donde se lleva un seguimiento minucioso de los casos de autismo reportados o donde se hacen estudios poblacionales para determinar cada cuántas personas se dan casos de autismo, se coincide en que el número de individuos con esta condición va desde uno por cada 40 hasta uno por cada 100. Esto significa que la condición autista es mucho más frecuente de lo que se creía anteriormente.

Por ejemplo, en las estadísticas de Autismo de los Centros para el Control y Prevención de enfermedades de los EE.UU. publicadas en el año 2016 se indica que la prevalencia es de una por cada 54 personas.

Una prevalencia tan alta significa que el autismo está en todos lados: en las escuelas, los liceos, las universidades, los centros comerciales, en el transporte colectivo.

6. El Autismo ¿es algo que se cura?

El Autismo no es una enfermedad. Es una condición de vida que acompañará a la persona.

Se trata de comprender que es una manera diferente de ser que no tiene por qué ser considerada en si misma como una discapacidad o como una carga sino, que con ayudas adecuadas y en un ambiente de respeto, una persona con autismo puede desarrollar sus fortalezas y mejorar progresivamente su desempeño.

Tener autismo para una persona es una característica, como ser zurda. Una persona puede aprender a escribir con la mano derecha y volverse ambidiestra, pero siempre será zurda. El autismo es inherente a la persona, forma parte de ella.

7. ¿Todas las personas con Autismo tienen compromiso cognitivo?

No. Las investigaciones hablan que aproximadamente un 30 % de las personas dentro del espectro autista muestran una discapacidad intelectual asociada, lo que significa que el 70 % restante se desarrolla con un nivel cognitivo igual o superior a la media.

De igual manera, pensar en autismo como genialidad es erróneo. Solo el 10 % de las personas con esta condición tiene talentos superiores o una competencia mental muy desarrollada, se les conoce como síndrome de Savant o síndrome del sabio con habilidades supremas. Hay ejemplos de grandes intérpretes musicales con destrezas innatas para comprender la música y de matemáticos con capacidad para realizar de forma inmediata cálculos mentales complejos.

8. ¿Una persona con Autismo puede evolucionar?

Sí, hay varios factores que ayudan a ello:

- **El apoyo de las personas más significativas**: cuanto más conocimiento sobre la condición autista y participación activa tenga la familia, los apoyos serán más efectivos.

- **La atención temprana:** cuanto más rápido se comiencen a atender las características particulares del niño, mejor será el pronóstico.

- **La actividad educativa**: las investigaciones coinciden en que este es el abordaje que da mejores resultados en las personas con autismo.

- **Las actividades de apoyo complementarias:** terapia de lenguaje, psicopedagógica, psicológica y ocupacional, entre otras, las cuales deben realizarse según las necesidades de cada niño en diversas etapas de su vida.

9. ¿Cuál es la causa del Autismo?

Hoy en día sabemos que no hay una causa única, es multifactorial con un origen biológico que comprende diferentes mecanismos.

En los últimos años se han venido descubriendo sus raíces genéticas y los elementos epigenéticos que están relacionados.

10. ¿Cuál es la relación entre Síndrome de Asperger y Autismo? ¿Tiene sentido hablar de Síndrome de Asperger?

En el año 2013, un número significativo de investigadores encargados de revisar, actualizar y normalizar el conocimiento científica y clínicamente aceptado sobre el autismo, propusieron que definitivamente había que dejar de pensar en autismo como un grupo de categorías en las cuales este se separaba del llamado Síndrome de Asperger.

Lo aprobado fue considerar el autismo como un espectro en el cual hay personas con características que pueden ser disímiles.

Se reconoce que hay quienes junto con la condición autista tienen niveles cognitivos dentro del promedio y superiores.

También se está de acuerdo que el dominio del lenguaje o la adquisición temprana del mismo no es una característica por la cual una persona debería considerarse fuera del espectro.

Desde la fecha citada es inadecuado y desactualizado hablar de Síndrome de Asperger como si fuera una condición diferente de la condición autista.

La sociedad siempre demora en asimilar este tipo de cambios. Hay asociaciones, fundaciones e incluso normativas de apoyo tanto públicas como privadas que usan el nombre de Asperger y para los cuales el cambio resulta complicado.

Lo mejor sería, sin embargo, que más temprano que tarde todos los terapeutas se adecuasen a la recomendación científica a la que se llegó después de muchos análisis, conversaciones y debates. Con ello se generaría menos confusión en todos los ámbitos.

11. ¿Hay manera de conocer si mi próximo bebé también tendrá Autismo?

Hoy en día se identifican genes y grupos de genes que se asocian al autismo y se sabe también que con algunos de ellos existen altas probabilidades de que se transmitan hereditariamente.

Expresándolo simple, algunos tipos de autismo se transmiten en forma hereditaria y otros no.

Depende entonces, de las características genéticas del autismo que se hizo presente en la familia la probabilidad de que un próximo hijo nazca con autismo.

En mi experiencia el tener hijos con autismo no son obstáculos para desarrollar una familia donde sus miembros sean exitosos en lo profesional, en lo social y donde, muy importante, sean felices.

12. ¿Qué hay de cierto en que las vacunas causan Autismo?

Las vacunas no causan autismo.

Fue una aseveración que se mantuvo por algunos años, que resultó muy cuestionada. Hoy día la comunidad científica está de acuerdo en que no hay ninguna relación entre vacunas y autismo.

Alertas tempranas

"El autismo no es algo que yo tenga, sino mi manera particular de ser"

Robert Naseef

13. ¿Qué son alertas tempranas?

Son los signos que nos dicen que un niño podría estar dentro del espectro autista.

Es importante comparar la manera en que un niño se mueve, juega y actúa con los hitos del desarrollo esperado para esa edad. Cuando estos no se evidencian, dejan de darse o se manifiestan de forma atípica debemos interpretar que hay riesgos en el desarrollo.

Suelen ser los padres los primeros en darse cuenta que algo sucede.

Los signos de autismo aparecen típicamente a partir de los 18 meses; sin embargo, en algunos casos surgen como signos precoces en los primeros meses de vida.

14. ¿En un bebé es posible detectar alertas?

Así como se espera que un bebé crezca, aumente su talla y peso progresivamente, también hay un conjunto de comportamientos psicosociales que es muy importante constatar que ocurran. Si no se observan a determinadas edades deben hacerse algunas consultas para asegurar que todo vaya bien.

Hay que prestarle atención a un bebé que se irrita o que hay que despertar para darle pecho, que presenta menos contacto visual, que disminuye su sonrisa social o hace más vocalización a objetos que a personas.

Es ideal que los pediatras identifiquen estas señales o indicadores y apliquen las herramientas de detección temprana.

15. ¿Hay una edad específica en que los padres deben estar más atentos ante un posible indicador de Autismo? ¿Se detecta siempre en edades muy tempranas?

La edad en que los indicadores de autismo se hacen evidentes, varía de un niño a otro.

Hay casos en los que se hace muy claro cuando comienzan a desplegarse los comportamientos que se salen de lo típico.

En otros casos, el reconocimiento es difícil porque los aspectos en los que se manifiestan los alertas son muy sutiles y solo expertos entrenados los notan. En estas situaciones las familias tardan más en reconocer los indicadores. Por ejemplo, si un niño no presenta retraso significativo en la adquisición del lenguaje es muy probable que sus rasgos de autismo pasen inicialmente inadvertidos.

Del 25 al 30 % de los padres registran un desarrollo evolutivo normal hasta los 18 meses, luego observan que hay una regresión en el interés y la comunicación social como primeros signos evidentes de autismo.

Hay niños en los que se evidencia cuando en la escuela aumenta la demanda social y académica.

En las niñas los signos de autismo suelen pasar desapercibidos en edades tempranas debido a que, de un modo natural, desarrollan más empatía.

Cuando los rasgos autistas son leves, puede ser que se tome conciencia de la condición durante la educación media e incluso en la adultez.

16. ¿Cómo sé si mi hijo podría tener Autismo? ¿Qué debo observar?

Se debe permanecer atentos si están presentes las siguientes conductas en el niño:

- No responde cuando lo llaman por su nombre.

- No señala con el dedo índice para pedir o mostrar cosas.

- No mira a los ojos.

- Camina en puntillas.

- Realiza frecuentemente movimientos con los dedos o las manos.

- Parece muy sensible a algunos sonidos.

- Les da uso inadecuado a los juguetes.

- Manifiesta indiferencia ante sus pares.

- Se ríe sin razón aparente.

- Es insistente en las rutinas.

Estas alertas no tienen que darse todas ni estar presentes al mismo tiempo. Cada caso es único. Juega un factor importante la intensidad y la frecuencia con las que suceden.

Es primordial no esperar y buscar cuanto antes ayuda especializada.

17. ¿Existe algún cuestionario para padres que pueda alertarme de posibles riesgos de Autismo?

Sí. Se usan instrumentos estandarizados de detección temprana. Hay dos muy utilizados que han sido traducidos al español y están validados:

M-CHAT (Modified checklist for Autism) detecta niños entre 16 y 30 meses. Son 20 preguntas con dos alternativas de respuesta para cada una.

Q-CHAT (Quantitative-Checklist for Autism in toddlers) detecta niños entre 18 y 48 meses. Son 25 preguntas acompañadas de dibujos con cinco alternativas de respuesta para cada una.

Ambos están diseñados para ser respondidos por los padres. La recomendación es que este tipo de instrumentos se apliquen a todos los niños en los consultorios pediátricos en intervalos definidos, a los 12, 18 y 24 meses.

Es importante aclarar que no son instrumentos de diagnóstico sino herramientas para determinar si hay riesgo de que se esté ante un caso de autismo. Si esto ocurre, el niño debe ser remitido a un especialista para que se le realice un diagnóstico.

18.   ¿Por qué si el Autismo es una condición de vida tiene sentido la intervención temprana?

Porque las personas con autismo, igual que nosotros, siempre se desarrollan a lo largo de su vida y está demostrado que cuanto más temprano se detecta la condición y se inicia un abordaje integral, el pronóstico es mucho mejor.

Se debe tomar en cuenta que la plasticidad cerebral que existe en los primeros años de un niño es la mayor que tendrá a lo largo de su vida, son los años más importantes, por lo que los estímulos que reciba en esta etapa juegan un papel fundamental. Una detección precoz y un abordaje temprano son de vital importancia.

Una vez que se confirma un diagnóstico de autismo, la atención debe orientarse al desarrollo pleno de sus capacidades, la adaptación funcional al entorno y al logro de una buena calidad de vida.

Diagnóstico

"Evaluar es algo más que dar un diagnóstico".
Equipo Iridia

19.   ¿Cómo se diagnostica el Autismo?

Hasta el presente no existe un marcador biológico, como un examen de sangre o de orina, que pueda usarse como diagnóstico de Autismo. Exámenes como electroencefalograma, mapeo cerebral, tomografía o resonancia magnética, proporcionan resultados útiles, pero no para determinar si una persona está o no dentro del espectro autista.

El diagnóstico de autismo se realiza a través de una observación clínica. Los especialistas usan instrumentos, hacen registros, analizan la historia detallada del niño y realizan observaciones minuciosas en diversas situaciones, para concluir si alguien está o no dentro del espectro autista.

El trabajo del diagnóstico debe revisar, adicionalmente, el cumplimiento de los criterios clínicos definidos en los manuales que rigen la salud mental en el mundo: CIE-11 de la OMS Organización Mundial de la Salud (Clasificación Internacional, 11 a. Revisión) y DSM-5 de la Asociación Americana de Psiquiatría. (Diagnostic and Statical Manual of Mental Disorders, fith edition).

20. ¿Existen instrumentos avalados internacionalmente para diagnóstico de Autismo?

Sí. Para que el diagnóstico sea confiable y no dependa de criterios personales o casuales, se usan instrumentos estandarizados, estos son procedimientos validados internacionalmente para asegurarse de su sensibilidad y su confiabilidad.

Existen dos instrumentos ampliamente difundidos:

ADOS-2: escala de observación para el diagnóstico de Autismo.

Es una evaluación estandarizada de la comunicación, interacción social y el juego, a través de diversos recursos para interactuar con la persona con sospecha de autismo. Son 5 módulos que se aplican a partir de los 30 meses. Previo a esta edad, no se considera que tenga sentido hablar de diagnóstico y lo que se determina con el instrumento es si se debe estar atento porque hay indicios de que podría tratarse de un caso de autismo.

ADI_R: entrevista para el diagnóstico del Autismo revisada.

Es una entrevista clínica semiestructurada que permite una evaluación exhaustiva de personas con sospecha de autismo. Se centra en las conductas que se dan raramente en las personas no afectadas. Se aplica a la persona más significativa del niño, típica (pero no necesariamente) la madre.

21. ¿Qué pasos se deben seguir para un diagnóstico?

Existe un conjunto de buenas prácticas para un buen diagnóstico, el cual incluye:

- Uso de instrumentos internacionales.

- Equipos interdisciplinarios.

- Observación en ambientes estructurados y no estructurados.

- Inclusión de la familia.

- Impecabilidad en la entrega de los resultados.

Esta evaluación exhaustiva y minuciosa le va a permitir a las familias identificar dónde se encuentran los desafíos y necesidades que presenta su hijo, así como proporcionarle orientaciones y recursos para potenciar su desarrollo.

No todas las personas que reciben un diagnóstico presentan las mismas características, pueden existir diferencias.

22.   ¿Qué profesionales forman parte del equipo que evalúa sospecha de Autismo?

Es ideal que quienes realicen el proceso diagnóstico sea un equipo de especialistas de diferentes disciplinas, con amplio conocimiento en la heterogeneidad del autismo: neuropediatras, psiquiatras, psicólogos, psicopedagogos, terapeutas ocupacionales o del lenguaje. Se requiere que tengan experiencia, estén actualizados y que además tengan competencias para las relaciones interpersonales y sensibilidad en el acompañamiento a la familia.

Es necesario que los profesionales que intervienen en el proceso de evaluación tengan presente que los padres están sometidos a estrés y angustia durante el tiempo de espera del diagnóstico, por lo que se les sugiere no extenderse más de lo necesario.

23. ¿Cómo se espera que un profesional realice el diagnóstico de Autismo?

Debe haber un especialista que dirija el proceso diagnóstico. Se espera que se tomen en cuenta los siguientes aspectos:

- En ningún caso utilizar términos ambiguos para el nombre del diagnóstico que confundan como "mosaico de autismo", "niños azules", "niños índigos", "niños cristal" entre otros.

- Los padres necesitan que se les ayude a comprender las conductas que observan en su hijo y además, tienen necesidad de expresar sus propias vivencias.

- El profesional debe insistir en el potencial de la persona evaluada, apoyar la toma de decisiones sobre los siguientes pasos y dar orientaciones educativas específicas.

- Debe atender el estado emocional de los padres ante el diagnóstico cuidando las palabras que se dicen y cómo se dicen.

- Entregar a los padres un informe detallado escrito con palabras que ellos puedan entender.

31

Abordaje

"La vida tiene para mi valor y sentido y no tengo
deseo que me curen de mi mismo..."
Jim Sinclair.

24.   Se habla de iniciar atención temprana luego del diagnóstico de Autismo ¿En qué consiste?

Se refiere al abordaje que se realiza para favorecer el desarrollo del niño con énfasis en las alertas tempranas que manifieste.

La atención temprana se enfoca en los primeros 6 años de vida.

Se debe tomar siempre en cuenta que cada niño es único, con características y desafíos particulares que es importante conocer, así que cada abordaje debe adaptarse a sus necesidades específicas.

Por ejemplo, un niño con retraso de lenguaje necesitará terapia, pero un niño con una pronunciación clara y extenso vocabulario probablemente no.

Es conveniente iniciar la atención educativa y los complementos terapéuticos que sean necesarios tan pronto como sean posibles, incluso antes de finalizar el diagnóstico.

25. ¿Cuáles son los especialistas que pueden ayudar a mi hijo?

Depende de sus necesidades particulares. En cualquier caso, es fundamental que el especialista al que se recurra tenga experiencia en la condición autista. Entre ellos esta:

Terapeuta de lenguaje, fonoaudiólogo, logopeda: atienden dificultades del habla y la comunicación.

Terapeuta ocupacional: desarrolla habilidades apropiadas para el juego, el aprendizaje y la vida diaria, evalúa el procesamiento sensorial.

Fisiatra, fisioterapeuta: involucra la realización de actividades físicas y sensoriales para facilitar la mejoría e independencia, evalúa dificultades motoras.

Neuropediatra: presta atención especial a los aspectos del neurodesarrollo. Ayuda ante crisis de ausencia, convulsiones, trastornos de sueño.

Psiquiatra infanto/juvenil: ayuda ante comorbilidades como ansiedad, depresión, apoyo emocional a la familia, autoagresión.

Psicólogo infantil: ayuda por trastorno de conducta y apoyo a los familiares, realiza evaluación cognitiva.

Psicopedagogo: realiza apoyo en dificultades de aprendizaje, plan de atención individualizada en su atención integral.

Gastropediatra: ayuda ante problemas gastrointestinales.

Nutricionista: apoya el cuidado de la alimentación.

Es necesario que los padres se planteen también buscar apoyo profesional para ellos.

26.   ¿Cuál es el mejor abordaje en el trabajo con Autismo?

Las investigaciones coinciden en que la mejor intervención es la educativa. Se debe hacer énfasis en:

- Atención individualizada.

- Desarrollo en competencias de comunicación social.

- Enseñanza de destrezas especifica en la autonomía del niño.

- Disminución de comportamientos que interfieren su estabilidad emocional.

- Aprendizajes significativos para que sea funcional en diversos contextos.

- Participación activa de la familia.

- Evidencias que muestren que los aprendizajes esperados se apliquen en contextos naturales.

- Enseñanza de adquisición de habilidades adaptativas.

- Seguimiento para constatar si el niño está evolucionando de la manera esperada o para darse cuenta de que no hay avances.

27. ¿Qué modelos se recomiendan para la intervención temprana?

Se han registrado resultados significativos con los siguientes modelos:

Modelo Floortime:

Tiene como objetivo construir relaciones y capacidades saludables y significativas siguiendo las emociones naturales e intereses del niño.

Modelo Denver:

Ayuda a reducir comportamientos inadecuados, así como a mejorar la comunicación, pensamiento, lenguaje y habilidades sociales donde puedan imitar y realizar juegos funcionales y simbólicos.

TEACCH:

Desarrolla habilidades sociales y de comunicación; da herramientas visuales y hace énfasis en la adaptación del entorno físico del niño y el uso de ayudas visuales.

PECS:

Es un programa de habilidades sociales a través del intercambio de dibujos, símbolos, objetos reales o fotografías, basado en los principios del análisis conductual.

28. ¿Existen terapias que pueden resultar ineficaces o hacer daño?

Sí. Hay que tener sumo cuidado con procedimientos que se presentan como supuestas ayudas terapéuticas con pretensiones de cura del autismo. No debe confiarse en nada cuya eficacia no haya sido comprobada.

Existen lamentablemente quienes juegan con la angustia de los padres y hablan de estos procedimientos como si fueran terapias que curan el autismo.

Se recomienda documentarse con fuentes fidedignas y no dar ningún paso apresurado.

La Autism Science Foundation, especifica un número considerable de tratamientos sin base científica, que pueden poner en riesgo la salud como quelación, terapia Lupron, terapia con células madres, inyecciones de secretina, terapia de agentes antifúngicos, suplementos vitamínicos, leche cruda de camello, terapia de marihuana, parches de nicotina, hipoclorito de sodio, estimulación magnética transcraneana, entre otros.

29.   ¿Existe algún medicamento para el Autismo?

No existen fármacos que demuestren efectividad para el autismo. Esto lo deben tener los padres siempre presente. Los tratamientos farmacológicos se usan en niños con autismo cuando hay comorbilidad, por ejemplo: anticonvulsivos ante la presencia de convulsiones, antidepresivos cuando hay cuadros depresivos.

La recomendación es manejar otras opciones antes de medicar, por ejemplo, si un niño tiene características de hiperactividad plantearse en primer lugar técnicas de modificación de conducta.

Si fuese necesario fármacos, el médico debe preparar a los padres sobre los efectos secundarios de la medicación.

Actualmente, los únicos fármacos con indicación por la Food and Drug Administration (FDA) estadounidense en personas con autismo son la riperidona y el aripiprazol ambos utilizados para las comorbilidades de conducta sin que exista evidencia de mejora en los síntomas específicos del espectro autista.

30.   Como familia, ¿cuál es el apoyo que debemos darle a nuestro hijo con Autismo?

El hogar es el lugar donde el niño pasa la mayor cantidad de tiempo y donde se siente emocionalmente seguro. Es la familia quien conoce a cabalidad sus desafíos y fortalezas, así como sus intereses, por lo que resulta ideal que todos se involucren al implantar las acciones diarias.

El rol que desempeña la familia es fundamental para potenciar el desarrollo del niño a través de interacciones diarias, donde el intercambio de sentimientos y emociones sean la base para construir los canales necesarios para el aprendizaje.

No son las terapias semanales, sino el refuerzo diario en el hogar lo que hace la diferencia en la evolución del niño. Por ello, es importante que la familia no sea indiferente ante cada pequeño avance que pueda lograr.

Finalmente, es importante mantener una relación buena y directa entre terapeutas y padres para garantizar el seguimiento permanente de los avances y las adecuaciones necesarias.

Espectro Autista

"Soy diferente, pero no menos"
Temple Grandin

31.   ¿Por qué se utiliza el término "espectro"?

Para hacer énfasis en que ninguna persona con autismo es igual a otra. Se refiere a que, así como cada persona es única, cada persona con autismo también lo es, con sus propias fortalezas y desafíos.

Hay los que hablan y los que no. Los que comprenden el lenguaje, incluso los discursos complejos con muchos detalles y los que comprenden solo frases muy sencillas y órdenes muy simples. Los que tienen discapacidades cognitivas y los que son genios. Los que son líderes y los que se aíslan. Los que tienen un poco de flexibilidad y los que no tienen casi ninguna. Los que tienen un poco de imaginación y los que poco imaginan. Los que aletean continuamente con las manos y los que no tienen ese tipo de conductas, los que la imitación le resulta casi imposible y los que tienen algunas facilidades de imitación. Los que son muy sensibles a cambios en la agenda o en el entorno y los que esos cambios poco les afectan. Los que reaccionan con pataletas y los que tienen mucho autocontrol.

HABILIDADES SOCIALES

32. ¿Cómo se manifiestan las habilidades sociales en el espectro autista?

La mayoría de nosotros aprendemos a usar muchas de nuestras habilidades sociales de manera natural, no tenemos que pensar acerca de lo que hacemos.

En las personas con autismo las dificultades en las habilidades sociales se manifiestan de múltiples maneras: hay quienes no presentan absolutamente ningún interés por el otro y no realizan iniciación social; quienes expresan simpatía hacia sus pares pero prefieren pasar el tiempo solo; quienes con un exceso de iniciación social, buscan la presencia de otras personas; e incluso los que deseando ser amigables, hacen acercamiento a desconocidos.

33. ¿Por qué a mi hija no le gusta saludar? Todos los días debo recordarle que lo haga.

Lo que resulta de manera natural en los niños como saludar, no lo es para los niños con la condición autista. Sin embargo, lo pueden aprender como lo hacen con cualquier otra de las costumbres sociales.

Saludar cada vez que uno ve a una persona es un rito social de una costumbre generalmente aceptada. El niño con autismo puede incorporar este rito a sus comportamientos.

Es la repetición diaria en los diferentes ámbitos, lo que hace que el niño se apropie. Saludar en cada sitio, al señor del supermercado, al del puesto de periódicos, al que nos acompaña en el ascensor.

Hay que tener cuidado, eso sí, de no avasallar la naturaleza del niño.

34. Mi hija con frecuencia utiliza palabras muy duras: "no quiero que seas mi papá", "te odio". No se da cuenta de que nos afecta ¿Esto tiene que ver con conductas del Autismo?

Sí. Es lo que se llama falta de empatía. En nuestros niños con autismo la posibilidad de ponerse en el lugar del otro está en déficit.

Lo natural, es saber que existen comentarios que no está bien decirlos directamente porque molestamos o herimos a otros, somos conscientes de que hemos dicho algo inadecuado porque podemos leer las respuestas emocionales. Esto no se suele dar de manera espontánea en los niños con autismo; sin embargo, pueden aprender a hacerlo con los estímulos adecuados.

La capacidad de comprender pensamientos, creencias e intenciones de las otras personas es lo que se llama. *Teoría de la mente.*

Muchos estudios señalan dificultades de las personas con autismo en el desarrollo de esta capacidad.

LENGUAJE Y COMUNICACIÓN

35. ¿Cómo se manifiesta el lenguaje en los niños con Autismo?

No hay un patrón único de comportamiento de los niños con autismo en relación con el lenguaje.

En el espectro autista se manifiesta desde el niño que no habla, hasta el que se expresa perfectamente bien, pasando por el niño que hablaba y dejó de hacerlo.

Entre los comportamientos que se observan están: los niños que pronuncian entonaciones particulares, los que hablan con un lenguaje muy sofisticado, los que usan las palabras correctamente pero no siguen los patrones cotidianos de la localidad donde viven, por ejemplo, le dan otros nombres a las frutas, los que inventan palabras y los que repiten frases como un eco, por ejemplo, contestan "¿cómo estás?" cuando se les pregunta, "¿cómo estás?"

Entre los que tienen un dominio completo del lenguaje, todavía se presentan otros comportamientos como la aparente dificultad para conversar.

Estos niños, por ejemplo, pueden narrar con mucho detalle un hecho que despertó su interés, pero, contestan con monosílabos cuando se les pregunta, por ejemplo, qué pasó en la escuela.

Es interesante observar también que la dificultad para expresarse no necesariamente implica una dificultad para entender el lenguaje.

36. ¿Una persona con Autismo puede no tener lenguaje y comunicarse? Se habla de niños preverbales ¿Qué significa?

Sí, puede comunicarse por medio de gestos, por ejemplo, agarrar la mano de su padre para solicitar ayuda; también a través de métodos alternativos de comunicación como procesadores de texto electrónicos. De igual manera puede suceder lo contrario: que el niño tenga lenguaje, pero no le interesa comunicarse.

A partir de los dos años, un niño debería decir frases con sentido, dos o tres palabras, incluyendo un verbo, por ejemplo, "quiero tomar leche". Si esto no ocurre, estamos en presencia de un niño preverbal que hay que atender especialmente.

El término preverbal hace referencia a niños pequeños que aún no presentan lenguaje oral.

No resultan convenientes las afirmaciones categóricas señalando que un niño no habla. Es más adecuado decir que el niño es preverbal, lo cual expresa que si bien no lo hace ahora, como le correspondería por la edad que tiene, lo puede hacer más adelante si le damos el apoyo adecuado.

37.   ¿Qué alternativas existen para niños que no hablan?

Muchos niños son preverbales y demoran en adquirir las competencias expresivas. Adicionalmente, no todas las personas con autismo, adquieren lenguaje verbal, incluso después de recibir apoyo profesional, para el desarrollo de sus capacidades lingüísticas y comunicativas.

Entre las opciones que se emplean con muy buenos resultados son la enseñanza de gestos naturales o señas y los Sistemas Alternativos y Aumentativos de la Comunicación: SAAC, los cuales son instrumentos de intervención destinados a personas con diversas alteraciones en la comunicación.

Se sugiere implementar en los niños los SAAC a la par del refuerzo verbal.

38.   ¿Qué podemos hacer los padres desde el hogar para que el niño hable?

Es importante que los padres intervengan de manera activa y promuevan constantemente el desarrollo de habilidades comunicativas en su entorno y en su cotidianidad.

Resulta muy útil observar cuáles son sus intereses, qué le llama la atención y partir de allí, propiciar de manera constante la intención comunicativa y reforzar todos sus intentos de expresarse. Por ejemplo, el niño que necesite tomar agua y siempre la tiene a su alcance, ¿para qué va a expresar su necesidad de forma verbal?

Una de las estrategias interesantes es la introducción de canciones en el hogar. Al hacerlo se debe observar qué género le llama la atención al niño. La música suele ser atractiva y cantar fomenta la interacción, el contacto visual y favorece la adquisición de nuevo vocabulario.

39.   Mi hijo pronuncia muy bien y tiene un vocabulario muy amplio, pero no le interesa conversar ¿por qué?

Porque la conversación implica destrezas sociales, mantener la mirada, intercambiar expresiones gestuales, interesarse en el otro, realizar pequeñas narraciones y sentir empatía.

Una conversación implica un gran esfuerzo para muchas personas con autismo. Significa tener destrezas para iniciar, mantener y cerrar el intercambio, entender el grado de interés que produce en el otro lo que decimos y adaptarse de manera flexible para que la conversación fluya.

Para participar en una conversación es preciso hacer constantemente inferencias sobre las intenciones, el estado de ánimo y las sensaciones que experimenta el otro y estos son justo los mayores desafíos de una persona con la condición autista.

40. ¿Qué significa lenguaje literal? ¿Me puede dar ejemplos?

Significa que a la persona le cuesta ver más de un significado en una palabra o frase. Es común que la persona con autismo se tome las cosas a pecho, que se las crea tal como se lo dicen, lo que, con frecuencia, ocasiona confusiones y eventualmente sufrimiento.

Les cuesta entender las ironías, los sarcasmos, las metáforas y las frases ambiguas les suelen confundir. Por ejemplo, pensemos lo que puede sentir un niño con autismo al oír la frase: *"te comieron la lengua los ratones"*.

Muchas veces se sugiere a los padres que eviten las ironías y las bromas en casa, sin embargo, consideramos que trabaja mejor lo contrario. Preferimos decir a los padres que llenen de humor su hogar. Que cuenten muchos chistes. Poco a poco los niños irán entendiendo las bromas, al principio habrá que explicárselas, luego no hará falta, se familiarizarán con ellas y, en su momento, serán capaces hasta de iniciarlas.

CONDUCTA E INTERESES RESTRINGIDOS

41.   ¿Qué significa conducta e intereses restringidos?

Se refiere a patrones de comportamientos que son poco comunes y que se repiten.

Se reflejan en inflexibilidad al cambio en su rutina o en su entorno.

Pueden ser rituales verbales o conductuales, apegos, obsesiones, preocupaciones, autoestimulaciones, inflexibilidad de pensamiento o conducta e irritabilidad.

Lo común es que los niños se interesen por muchas cosas a la vez y que estas varíen en el tiempo.

En el caso de niños con autismo se observa que hay intereses muy particulares y fascinación por temas específicos que les ocupa la mayor parte del tiempo.

42.   ¿Cuáles pueden ser esos intereses restringidos?

Son intereses inusuales, por ejemplo, hacia el funcionamiento de las lavadoras, los aeropuertos del mundo, las banderas, la astronomía, las colecciones de puntas de lápices, los dinosaurios, los trenes, el espacio, las placas de vehículos, pueden interesarse por datos meteorológicos de ciudades del mundo, por nombres de ríos, o de montañas, nombres de periódicos, fechas de cumpleaños, ventiladores o aspiradoras.

Suelen variar con el tiempo. En los adolescentes se registra fascinación por el arte, la música, los animet, las computadoras, videojuegos y celulares.

Lo peculiar no está solo en el simple hecho de interesarse y memorizar esa información, sino en la forma en que se recoge, organiza y utiliza.

Es común referirse a estos intereses restringidos solamente como problema, sin embargo, hay que destacar que muchas veces, la presencia de estos intereses puede convertirse en una ventaja para la persona con autismo.

Por ejemplo, en un niño pequeño, su encanto por las estrellas o algún súper héroe puede servirle a la maestra o a la psicopedagoga para motivar su aprendizaje de la lectura y en una persona adulta el interés por las estrellas puede darle competencias especiales en un laboratorio de astronomía.

43. ¿Existen problemas de conducta en niños dentro del espectro autista?

Si, son frecuentes, especialmente porque presentan un procesamiento sensorial diferente, muchas veces de hipersensibilidad, sumado a la frustración que les origina el no entender determinadas situaciones y la dificultad que le puede producir su escaso lenguaje al no saber cómo expresarse adecuadamente.

En la adolescencia se tiende a agravar debido a que se incrementan las conductas emocionales negativas como irritabilidad o ansiedad.

44. ¿Cómo se manifiesta la autoagresión?

A través de conductas autolesivas como halarse el cabello, arañarse, rasguñarse, morderse y golpearse la cabeza.

Si bien no se da en todos los niños, puede formar parte de su vida en algún momento. En la adolescencia pueden llegar a cortarse.

45. ¿Qué debo hacer si mi hijo se autoagrede?

Los padres deben volverse expertos observadores, registrar conductas que se manifiestan, hacerse preguntas, entender qué puede estar pasando, qué sucede antes de que se produzca la conducta, con qué frecuencia, en qué lugar, si se da en un contexto particular y quienes están presentes.

Se debe descartar un problema médico, especialmente si el niño es preverbal o presenta un lenguaje limitado, ¿cómo explica un niño que tiene dolor de muelas o de estómago?

Debe dársele estrategias de comunicación alternativa como por ejemplo pictogramas para que a través de ellos exprese lo que siente y la frustración pueda disminuir.

Si se autoagrede es conveniente dirigir su atención a una actividad diferente que sea de su agrado.

Se deben reforzar las conductas deseables que veamos en el niño e ignorar las negativas. No se debe actuar bajo ninguna razón con maltrato.

46. Las estereotipias ¿Qué son? ¿Las debo eliminar?

Son comportamientos repetitivos.

Muchas personas con autismo refieren que les ayuda a calmarse, en otras pueden acelerarse por el sueño, estrés, aburrimiento o ansiedad.

También se pueden asociar con situaciones placenteras para el niño, es frecuente observarlas cuando se emocionan.

Lo que se sugiere es cambiar su atención por otra actividad o por otro movimiento.

Por ejemplo, si mueve las manos o da palmadas, es buena opción ofrecer algo que le guste para que agarre o mantenga en las manos y que sea funcional.

Una buena estrategia, es inventar con el niño un lugar especial para hacer los movimientos, jugar a ponerle nombre y que reconozca cuándo, dónde y cuánto tiempo puede hacerlos.

47. ¿Cuáles podrían ser ejemplos de estereotipias?

Balancearse, aletear como pájaros, el tararear, las palmadas, manipular un objeto sin parar, saltar, caminar en puntillas, correr en círculos, movimientos de lengua o labios, chupar o mordisquear objetos, enroscarse el cabello con los dedos, mover objetos en la mesa, frotar o acariciar objetos, golpear con los pies el suelo, tocarse los genitales, entre otros.

48. Llamo a mi hijo y muchas veces no me atiende ¿Sucede algo?

Cuando llamamos al niño varias veces y no responde existe la alarma y es natural sospechar que puede haber dificultades para oír.

En casa se puede hacer la prueba emitiendo sonidos altos por detrás del niño. En una clínica especializada se puede hacer un examen de audición que se llama potenciales evocados.

En la mayoría de los casos de autismo, sin embargo, los niños no responden cuando se les llama por otra razón.

Presentan lo que se llama atención en túnel, significa que se concentran en exceso en detalles específicos, por lo que no responden al resto de las cosas que suceden a su alrededor.

Procesamiento sensorial

*"Algunos niños con autismo se sienten atraídos
por el sonido del agua que corre o que salpica
y se pasarán horas tirando de la cadena del wáter".
Mientras que otros se pueden hacer pis de miedo
ya que este ruido les suena como si fueran
las cataratas del Niagara..."*
Temple Grandin

49. He escuchado sobre procesamiento sensorial, hipersensibilidad e hiposensibilidad ¿qué significan??

Procesamiento sensorial

Algunos niños pueden tener problemas en el manejo de la información que captan sus sentidos, pueden percibir los estímulos con mucha o poca intensidad. También pueden tener inconvenientes para integrar lo que perciben, por ejemplo, para ver y oír como una persona habla. La manera como el cerebro organiza y trabaja con la información que le llega del exterior se llama procesamiento sensorial.

Una persona dentro del espectro autista puede manifestar hipersensibilidad o hiposensibilidad e incluso ambas y suelen ser causas de muchos malestares.

Hipersensibilidad

Significa que se es mucho más sensible que la mayoría de las personas a determinados estímulos, por ejemplo, a un sonido, a un olor, o al roce de una etiqueta. Esta hipersensibilidad puede provocar reacciones que los que no la tienen, no las entienden. Por ejemplo, un niño puede querer huir rápidamente de un sitio donde se siente aturdido por un ruido que para él es muy alto y que, sin embargo, no molesta a los que están dentro.

Hiposensibilidad

Significa que se es mucho menos sensible que la mayoría de las personas a determinados estímulos, por ejemplo, el calor, el dolor o el hambre.

La hiposensibilidad puede ser un problema porque nuestro cuerpo está diseñado para que las percepciones nos ayuden a responder adecuadamente. Por ejemplo, si sentimos dolor buscamos ayuda, si tenemos sed buscamos tomar líquidos.

Hay personas que experimentan una mezcla de hipersensibilidad e hiposensibilidad, por ejemplo, pueden ser hipersensibles a determinados sonidos y pueden presentar una fractura sin sentir un dolor que les haga reaccionar.

50.   ¿Me podría dar ejemplos de alteración sensorial en niños con la condición autista?

Sentido auditivo

Molestia o temor a determinados sonidos, por ejemplo, al sonido de la licuadora, de las motos, motores de vehículos, al ruido que producen los compañeritos en el aula, al timbre del colegio o a un ruido de fondo.

Sentido táctil

Molestia a las etiquetas de la ropa, al hilo de las medias, a los zapatos nuevos, al peinarse, al agua en la cabeza, al cortarse el cabello o las uñas, al cepillarse los dientes o ante determinadas texturas.

Sentido gustativo

Necesidad de lamer, selectividad a determinados alimentos, por fascinación o rechazo.

Sentido visual

Fascinación por objetos que brillen o que den vueltas, por ejemplo, las aspas de un ventilador o las ruedas de un juguete

Sentido olfativo

Necesidad de oler lo que cae en sus manos: la plastilina, el lápiz, los juguetes, la ropa o el rechazo a determinados olores

Sentido vestibular

Sensación de movimiento. Conductas de miedo hacia actividades que se realizan en los parques como miedo a bajar escaleras, a lanzarse del tobogán, a montarse en bicicleta o en un columpio; puede darse también que se busque un alto nivel de excitación como girar consecutivamente sobre sí mismo, el niño que pide repetidamente que lo lancen al aire o el que da vueltas sin parar.

Sentido propioceptivo

Sentido de posición Nos aporta información sobre los diferentes segmentos de nuestro cuerpo. Un ejemplo son los movimientos de las articulaciones, vibración y presión: empujar, arrastrar.

Sentido interoceptivo

Es la capacidad de sentir los órganos internos del cuerpo. Gracias a este tipo de sentido percibimos los malestares en las partes internas del cuerpo como dolores de cabeza, náuseas, ritmo cardiaco, ardores o dolores musculares.

51. ¿Cómo influyen estas alteraciones sensoriales en las actividades diarias de mi hijo?

Sin ninguna duda influyen en sus actividades cotidianas y en particular en su aprendizaje. Se suelen evidenciar al bañarse, al vestirse, al lavarse las manos, al cepillarse los dientes, en la alimentación y en el sueño.

Hay que comprender que las características sensoriales son parte de las personas con autismo.

En algunos casos les pueden traer ventajas, por ejemplo, un niño puede tener una capacidad auditiva que le facilita la actividad musical. Sin embargo, en muchos otros puede traerle inconvenientes prácticos, por ejemplo, le pueden resultar insoportables los ruidos de la escuela. De allí que debemos ayudarle a manejar sus características sensoriales.

El niño debe alcanzar destrezas que le ayuden en su autonomía y bienestar emocional.

67

Escuela

"El mayor regalo que puede recibir un niño con
autismo en la escuela, es una maestra
que lo espere todos los días"

52. ¿Qué tipo de educación deben recibir los niños con Autismo? ¿Todos van a la escuela?

Todo niño con autismo tiene derecho a la educación. No es planteable quedarse en casa.

Su educación tiene que tener en cuenta diversas variables: el grado de afectación, las características personales y su nivel intelectual.

Esto significa que las escuelas y los docentes deben prepararse para atender las necesidades de estos niños.

El autismo no es una tarea de educación especial y esto tenemos que irlo entendiendo todos dentro y fuera del sistema escolar.

La educación que finalmente obtenga un niño no dependerá de si está o no dentro del espectro autista sino del resto de sus características e incluso de sus gustos personales.

53. ¿Es realmente importante la educación inicial para los niños con Autismo?

Sí. Todos los niños con autismo deben asistir al nivel inicial.

Los desafíos que ellos presentan son justamente los objetivos que se trabajan en esa etapa.

Estos son:

Habilidades sociales: interactuar con niños de su misma edad, hacer amigos, esperar turnos, el respeto hacia el otro, compartir.

Destrezas comunicativas y lenguaje: mirar al otro, conversar, cantar, señalar, pedir, dar, mostrar cosas, seguir órdenes.

Juego e imaginación: propiciar juegos, imaginarse cosas.

Motricidad gruesa: correr, trepar, subir, bajar, lanzar pelotas

Motricidad fina: rasgar, agarrar objetos, armar, dibujar, colorear.

Hábitos: sentarse para comer, merendar, seguir la rutina diaria.

Autonomía: guardar sus pertenencias, merendar sin ayuda.

Otro de los aportes significativos que da el nivel inicial al niño con la condición es el seguimiento de una rutina diaria que le marca las actividades a realizar, lo cual es una de las indicaciones que se trabaja en el abordaje en autismo.

54.   Mi hijo asiste al preescolar ¿Cómo sabré si puede continuar a la escuela regular?

Un buen preescolar con una maestra comprometida le da al niño con la condición autista estructura, hábitos, le permite autonomía y lo refuerza diariamente en destrezas sociales y de comunicación. Debe salir de allí fortalecido.

Se debe tomar en cuenta que lo que viene después de los jardines de infancia y los parvularios implica otros desafíos. Se sugiere a los padres que realicen encuentros regulares con la docente durante el año escolar. Al final del año se tomarán las decisiones respectivas, de cómo continuar su formación.

A menos que existan compromisos cognitivos o psicosociales, que claramente lo impidan, todo niño que reúna las condiciones mínimas debe ser integrado a la escuela regular.

55. ¿Cuáles son las condiciones mínimas que debe reunir un niño con Autismo para poder integrarse a la escuela regular?

Al igual que los niños que no están dentro del espectro autista, es importante conocer su capacidad intelectual y constatar que no haya alteraciones de conducta que puedan poner en riesgo su integridad física y la de sus compañeros.

Otro aspecto importante a tomar en cuenta es la elección de la institución educativa, la cual debe reunir algunos requisitos como el que exista una matrícula con pocos niños por aula, que su personal docente esté sensibilizado con la condición autista o esté dispuesto a documentarse y especialmente que exista respeto a la diversidad.

56. A mi hijo le hacen *bullying* ¿Qué hacer?

Los niños con autismo son propensos a recibir *bullying*. Es importante como padres permanecer atentos.

Si se presenta este tipo de situaciones se debe conversar con la docente de aula y la dirección de la escuela.

En estos casos es conveniente que la docente realice dinámicas de integración con los compañeros acerca de la diversidad y propicie juegos donde se le de valor a las diferencias.

Mientras más sensibilizada esté la docente, más estudiantes recibirán con gusto la diversidad.

Se debe permanecer atento si el niño manifiesta rechazo a la escuela, llantos frecuentes, disminución del apetito o alteración en el sueño. Puede ser signos de acoso escolar.

57. Mi hijo se molesta en exceso cuando los compañeritos le ponen sobrenombres ¿Por qué?

Es importante prestarle atención a esta situación porque podría ser un problema mayor de lo que aparenta y si no se atiende podría ocasionar situaciones indeseadas.

Los sobrenombres son un problema menor para la mayoría de las personas, pero para un niño con autismo pueden ser interpretados como agresiones fuertes.

Ellos se confunden con frecuencia ante frases ambiguas, ironías o sarcasmos, no suelen tolerar las bromas y pueden tomar literalmente todo lo que les dicen, lo que les ocasiona mucho malestar.

Cuando a los niños con autismo les dicen frases como "vaso de leche" o "bobo" se indignan, pueden no controlar sus reacciones o sentirse tan aislados socialmente que no quieren volver a la escuela.

Por su parte, los compañeros, sin entender tampoco la magnitud del problema, disfrutan ante las reacciones exageradas y por eso reiteran sus comportamientos.

En algunos casos se generan situaciones de *bullying* muy intensas que podrían derivar en agresiones físicas.

Se debe trabajar en el hogar de manera habitual las bromas hasta que el niño las entienda. También conversar con la maestra para que diseñe estrategias que promuevan los cambios de conducta.

58.   ¿Qué es importante que la docente de mi hijo sepa sobre su condición?

La educación de niños con autismo significa un desafío para los docentes. Su llegada al aula genera diferentes sentimientos y reacciones, es importante saberlo.

Una docente puede lograr transformaciones en el niño o al contrario, puede contribuir a que las características de autismo se intensifiquen, por eso la importancia de que se familiarice sobre el estudiante y su condición autista, es importante propiciar encuentros regulares para darle información valiosa sobre su hijo, conversar sobre las adaptaciones curriculares que probablemente necesite y conocer los avances que presente el niño.

Se sugiere apoyar a la docente en sus necesidades de documentación sobre la condición autista.

De igual manera, los padres deben procurar la realización de charlas, talleres, encuentros en la escuela donde estudie su hijo, para dar información y sensibilizar a la comunidad educativa y procurar participar de manera activa en las actividades que organicen.

59. ¿Qué significan "adaptaciones curriculares"?

Para muchos niños con autismo las actividades ordinarias de escuchar y observar información nueva no son suficientes. Pueden necesitar una guía más detallada para el desarrollo de sus habilidades académicas y sociales, requerir más estructura, introducciones y explicaciones muy explicitas.

Un 82 % de niños con la condición autista requieren adaptaciones educativas, lo que nos habla de la necesidad de llevar a cabo diversas modificaciones a través de estrategias para facilitar el proceso de enseñanza y aprendizaje de los estudiantes que lo requieran.

Esas son las llamadas adaptaciones curriculares.

60. Me recomendaron una "maestra sombra" para mi hijo ¿Qué significa?

Una "maestra sombra" es una auxiliar docente que entra al aula de clases a la que asiste el niño y colabora para que este pueda realizar todas las actividades indicadas por la docente de aula.

Se trata de un apoyo adicional que puede ser de ayuda en casos de niños con necesidades educativas especiales en general.

Por ejemplo, puede ser conveniente en aulas donde hay niños con la condición autista ante situaciones específicas, como las conductas escapistas de quienes no miden el peligro y pueden hacerse daño, o niños preverbales que requieran apoyo de lenguaje, entre otros.

Las "maestras sombras" cumplen una labor que puede ser imprescindible en algunas situaciones, sin embargo, es muy importante tener consciencia de que hay que trabajar para que la necesidad de este tipo de apoyo se desvanezca progresivamente.

61. Me hablaron de la necesidad de las "claves visuales" ¿Qué son? ¿Son importantes para mi hijo?

Son apoyos que les resultan útiles a algunos niños para comunicarse. Pueden ser dibujos, imágenes, fotos.

Las personas con autismo algunas veces presentan dificultad para enfocarse en tareas, adaptarse a continuos cambios en su rutina y para expresarse de una manera efectiva, por lo que las claves visuales le pueden ayudar a mejorar su comunicación. Por medio de estas pueden explicar sus sentimientos, pensamientos, deseos, o necesidades.

62.   ¿La condición de mi hijo puede limitarlo para aprender a leer?

No, a menos que haya un compromiso cognitivo profundo que se lo impida.

Muchos niños a edades tempranas empiezan a manifestar especial interés por las letras y las palabras. Sus habilidades visoespaciales y su buena memoria hacen posible que el proceso de la lectura fluya.

De igual manera, nos conseguimos con niños que presentan dificultades en este proceso. Incluso pueden leer y no hablar.

Para ambos casos se parte de poder conocer cuáles son sus intereses, qué temas o situaciones lo emocionan y entusiasman.

Está demostrado que todos aprendemos con las cosas que nos motivan.

Muchos niños con la condición autista tienen memoria fotográfica y visual por lo que da muy buenos resultados empezar con el método de lectura global el cual consiste en iniciar con lectura de frases o palabras y de asociarlas a imágenes a través de emparejamientos.

Es importante tener presente que: ¡No hay edad para aprender a leer!

63. Me han comentado que las "historias sociales" son muy útiles ¿Qué son?

A las personas con autismo se les hace muchas veces difícil entender las situaciones sociales que viven a diario y lo que se espera que hagan.

Una estrategia útil en estos casos es contarles lo que va a suceder a través de una narrativa sencilla y corta, normalmente ilustrada. La idea es relatarles algo que ayude a aclarar la situación que les confunde. Estas narraciones son lo que se llama "historias sociales".

Estas historias resultan útiles para regular el comportamiento o anticipar eventos, por ejemplo, lo que va a suceder en la visita al odontólogo, la ida a la escuela, un próximo viaje de vacaciones, el cambio de maestra, etc.

Las historias sociales se elaboran para cada situación y para cada niño en particular. La experiencia de su uso es muy positiva en niños con autismo.

Familia

"El futuro de los ciudadanos con autismo dependerá en gran medida, del nivel de motivación e información de sus padres".
Theo Peeters

64. Se dice que los padres pasamos por distintas etapas ¿Cuáles son? ¿Todos los padres pasamos por ellas?

Sí. Está estudiado que los padres pasan por diferentes fases desde el momento en que reciben el diagnóstico hasta el momento en que asumen la condición de su hijo.

En un primer momento, es típico lo que se llama la etapa de *shock*, donde los padres se impresionan por el diagnóstico, pero todavía no reaccionan.

En un segundo momento, es frecuente que se produzcan sentimientos de confusión, que haya negación, que los padres se pregunten ¿por qué a mí?

En un tercero, se emerge de la fase anterior aceptando la realidad y en un cuarto, la familia asume el reto de adecuarse y reorganizarse para facilitar el desarrollo del hijo con autismo y con el de toda la familia.

En cada familia se dan de manera particular, incluso cada uno de los padres puede vivirlo en ritmos distintos. Lo importante es fortalecerlos para que no se queden detenidos en una etapa, sino que sigan su proceso.

65.　¿Cómo apoyar a los hermanos de un niño con la condición autista?

En general, la presencia de un hermano con autismo puede significar diferentes percepciones para cada hermano y cada familia.

Mientras más natural sea la presencia del hermano con la condición, existirá una mayor comunicación que facilite la búsqueda de estrategias para manejar las distintas situaciones que se presenten y un mayor grado de unión.

Les resultará más fácil entender que su hermano tiene características particulares y que eso no es malo.

Se recomienda propiciar momentos para que puedan compartir diversas actividades y ver cómo desde su rol de hermano puede apoyarlo.

Está demostrado que los hermanos pueden ser los mejores terapeutas.

"No es una carga, es mi hermano..."

The Hollies

66.   ¿Cuál es el momento adecuado para hablarle a mi hijo de su condición?

La experiencia nos dice que el mismo niño se va dando cuenta de que algo sucede, que él es distinto a sus pares.

De alguna manera asume sus diferencias antes de conocer exactamente su condición. Los niños empiezan a compararse con otros y a identificarse principalmente como un niño con desafíos sociales.

Lo importante es estar preparados como padres para cuando llegue el momento poder explicarle las distintas características involucradas en su condición, en una narrativa que incluya sus fortalezas y no solo sus desafíos. Resulta significativo transmitirle la idea de que su potencial de desarrollo no está limitado por su condición.

67.   Los abuelos viven con nosotros. ¿Cómo les explicamos que tienen un nieto con la condición autista?

Hay una frase hermosa que dice: "Dios puso las estrellas en el cielo para que los abuelos no se las bajen a los nietos".

Es necesario explicarles con ejemplos cómo se manifiesta el autismo en su nieto y qué es importante que hagan, por ejemplo, invitarlos a que se involucren en las actividades preferidas.

De igual manera, es provechoso explicarles lo que debe evitarse, por ejemplo, que si le dan chocolate a su nieto, pueden ocasionarle problemas gastrointestinales o trastornos de sueño.

68. ¿Cómo podemos desde el hogar ayudar a nuestro hijo?

La llegada de un hijo con autismo cambia la dinámica familiar. Implica adecuaciones que debe realizar cada integrante y la necesidad de organizarse en familia, para que entre todos puedan crear un entorno educativo propicio.

El ambiente en el hogar donde hay un miembro con autismo no tiene por qué ser serio, formal o fastidioso. Puede ser interesante, entretenido y hasta divertido. Es fundamental:

- Identificar y registrar sus gustos. ¿Qué le gusta? ¿Qué no? También conocer a qué es sensible.

- Poner límites. Independientemente de la condición todo niño debe cumplir normas claras, precisas y de manera constante.

- Propiciar paulatinamente salidas fuera del hogar, para que no se desarrolle una tendencia a quedarse encerrado en casa.

- Hacer explícito el lugar y el momento para cada cosa.

- Tener presente la opción de buscar apoyo emocional para la familia.

- Aprovechar los momentos cotidianos para crear situaciones de aprendizaje. Es en el hogar donde se dan las mejores oportunidades para dar sentido a una palabra, a una acción o a un contexto.

- Anticipar eventos. Esto puede ayudar en la disminución de conductas desproporcionadas y dificultades de comunicación.

- Jugar debe formar parte de la rutina, es la mejor manera de encontrarse en situaciones de aprendizajes que motiven.

- Propiciar un ambiente con humor genera una convivencia más agradable. Adicionalmente, compartir bromas y chistes ayuda a crear situaciones de aprendizaje con las personas con autismo.

- Escuchar a otros padres que puedan estar pasando por situación similar. Compartir experiencias puede ayudar.

- Proteger la relación de pareja y buscar un espacio regular para compartir entre ambos.

69. ¿Cómo debemos establecer las relaciones con familiares y amigos cercanos a nosotros?

La mejor manera es ayudarles a que conozcan al niño, poco a poco irán dándose cuenta que el autismo es una manera de ser.

Es conveniente explicarles las particularidades del autismo del hijo y la manera como pueden apoyar a la familia.

Explicar sus características particulares y acciones concretas es muy útil para comprender y acercar:

- "Tiene sensibilidad táctil, no va a besar, solo va a saludar".

- "No es maleducado, le cuesta entender por qué saludamos continuamente".

- "Su autismo es único. No hay que compararlo con otros niños dentro del espectro porque todos son diferentes".

- "No le den dulces. A él le afecta el estómago. Pueden ofrecerle sus frutas preferidas".

Que los amigos conozcan sus intereses los acercará más al niño, por ejemplo, si presenta fascinación por los dinosaurios pueden invitarlo a ver una película relacionada con ellos.

70. ¿Qué podemos hacer desde nuestro hogar para sensibilizar a la sociedad?

Es importante que sean las mismas familias las que inicien la sensibilización, esto es posible cuando se internaliza la comprensión del autismo en todos los miembros.

Si los padres no entregamos el informe de nuestro hijo con autismo al colegio, por miedo a las etiquetas ¿cómo educamos a la sociedad? Si no lo hacemos explícito a los amigos ¿cómo enseñamos?

Hay que trabajar la presencia del niño como uno más en su comunidad.

Se comienza con los amigos, explicando qué es y cómo pueden ayudar y paulatinamente el acercamiento a la comunidad a la cual pertenece, hasta que sea habitual su presencia en los distintos lugares: la iglesia, el club, el supermercado o el parque.

Lo que no debe hacerse es dejar al niño en casa por temor o por miedo al qué dirán.

Debemos involucrar a todos, informar para que conozcan más sobre la condición autista y participar en las jornadas que organizan las asociaciones de apoyo a la causa.

Muchas veces en esas actividades crecen buenas amistades.

71. Reconozco que sobreprotejo a mi hijo ¿Es normal? ¿Es una etapa?

Cuando sobreprotegemos a nuestro hijo le mandamos un mensaje continuo que le dice: "no eres capaz", "me necesitas".

Si lo hacen los padres con sus hijos que no tienen ninguna condición, ¿Cómo no hacerlo con un hijo con autismo?

Temple Grandin, una de las personas que ha hecho grandes aportes en mostrarnos el autismo desde adentro, expresó:

"Uno de los errores más comunes de los padres de un niño con autismo es pretender realizar todas las actividades por él, cuando lo adecuado es ayudarlos a aprender…"

Definitivamente es importante no sobreproteger en ninguna etapa.

72. ¿Qué importancia tiene el juego en los niños con Autismo?

Jugar es la actividad más productiva para un niño con autismo, especialmente si quienes lo hacen son las personas más significativas de su vida: Jugar debe ser sinónimo de disfrute, de risas, de conexión.

Además, y no menos importante, es un medio para adquirir distintas destrezas: sociales, comunicativas, motrices y cognitivas.

En niños con autismo, el juego tiende a ser repetitivo, con intereses pocos variados: el mismo carrito, la misma muñeca, con mayor interés por las piezas que por el juguete y algunos no suelen darles el uso adecuado. Esto significa que hay que enseñarlos a jugar.

73.   Mi hijo no quiere otra cosa que no sea videojuegos ¿Debo preocuparme?

Nuestros niños y jóvenes son digitales y tecnológicos. Entre las características del espectro autista se encuentra la fascinación por temas específicos. En el caso de los videojuegos es frecuente escuchar a los padres manifestar preocupación por la cantidad de horas que sus hijos dedican a esta afición.

Se ha registrado a la hora de jugar una tendencia repetitiva que puede estar ligado a una estimulación sensorial.

Se sugiere a los padres canalizar su uso. Hay estudios que señalan conductas de adicción hacia los videojuegos y de allí la importancia de que pongan límites.

No todo es malo. Se puede aprovechar el interés en los videojuegos para utilizarlo como recompensa luego de las asignaciones escolares.

74. No entiendo por qué algunos hablan del Autismo como bendición, el Autismo es sufrimiento ¿No debería manejarse con más realismo?

La llegada de un hijo con autismo representa sin duda alguna un fuerte impacto familiar e implica siempre cambios.

En muchos casos es necesario trabajar con los padres para darles apoyo y soporte emocional, hacerse solidarios y acompañarlos en sus emociones.

El sufrimiento es una manera de experimentar lo que sucede, pero no es la única forma.

No podemos escapar a las diversas complicaciones que se presentan en el día a día y es verdad que hay algunas que son particularmente difíciles, sin embargo, podemos escoger cómo nos afecta lo que vivimos.

Temas del desarrollo

"Se ríen de mi porque soy diferente.
Yo me río de ellos porque son todos iguales"
Kart Cobain

SUEÑO

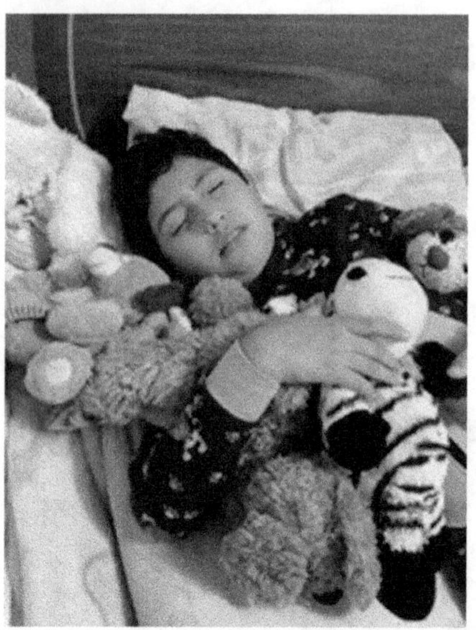

75.   ¿Los niños con Autismo suelen tener problemas para dormir? Mi hijo duerme muy poco ¿Qué puedo hacer?

Ya se sabe que entre un 40 y un 80 % de niños con autismo presentan dificultades para dormir.

Muchos padres manifiestan en sus hijos las siguientes conductas: les cuesta dormirse, permanecer dormidos, se mueven mucho, se sientan dormidos, lo hacen como las agujas del reloj, recorren toda la cama. Nada de esto ayuda a que tengan un sueño reparador.

Cuando esto sucede, al otro día les cuesta prestar atención y disminuyen sus capacidades de funcionamiento lo que conduce a comportamientos inadecuados.

Es necesario que los niños adquieran hábitos de sueño. Se sugiere acondicionar un entorno cómodo para dormir, a través de una rutina de todas las noches, por ejemplo, bañarse, cepillarse los dientes e ir a la cama.

Es prudente que antes de acostarse se elimine todo lo que active al niño como videojuegos o programas de tv, especialmente si son violentos y propiciar actividades que calmen como un baño caliente, masajes o un cuento. También, es una buena opción limitar la cantidad de sueño en el día en el caso de niños mayores que no necesiten siesta.

Otra opción es regular el sueño a través de la melatonina, una hormona que ayuda a regular el trastorno del ciclo, pero es importante antes de suministrarla conversar con su pediatra acerca de los riesgos y beneficios posibles y chequear si hay alguna causa que impida un sueño profundo, como por ejemplo la presencia de reflujo gástrico o cólicos.

76.   Se habla de comorbilidad en Autismo ¿Qué significa?

Es un término que se utiliza para describir dos o más trastornos que se dan en una persona. Por ejemplo, niños con autismo que presenten crisis epiléptica, trastornos gastrointestinales, déficit de atención con/sin hiperactividad o trastornos de conducta (TDAH).

ALIMENTACIÓN

77. Mi hija solo come *nuggets* de pollo, no hay manera que coma otras cosas ¿Qué hacer?

Los niños con autismo suelen presentar dificultad a la hora de comer debido al procesamiento sensorial: son muy selectivos: toleran unos alimentos y otros no, pueden presentar sensibilidad olfativa, visual o gustativa, por ejemplo: rechazan olores fuertes, no toleran determinados sabores, colores, texturas o temperaturas.

Se recomienda observar qué alimento rechaza y por qué, en el proceso incluir progresivamente otros alimentos. Por ejemplo, introducir zanahoria en su comida predilecta o licuarla en la preparación de las comidas. Debe considerarse la posibilidad de una valoración por un nutricionista con conocimiento de autismo

78.   A la hora de comer mi casa es un campo de batalla ¿Qué hacer?

Se hace necesario adquirir hábitos a la hora de las comidas. La actividad de comer debe ser agradable, tener un lugar específico y un espacio definido dentro de la agenda diaria.

Algunas madres, ante el rechazo a las comidas de sus hijos optan por perseguirlos por toda la casa. Esto no es una buena práctica porque no ayuda a que el acto de comer sea agradable ni a que se reconozca el lugar de la casa que se destina para ello y supedita a la madre a los caprichos del hijo.

Es importante que a la hora de comer se eliminen los elementos distractores como juguetes, tablets, televisores encendidos y cualquier otro objeto que pueda apartar la atención del niño.

Idealmente el niño debe comer con el resto de la familia. No es buena estrategia que se lleve a cabo en momentos diferentes.

La hora de la mesa abre un abanico de oportunidades de aprendizaje: mejora destrezas comunicativas y sociales: escuchar, compartir, respetar normas; practicar la autonomía: utilizar los cubiertos sin ayuda, agarrar bien la cuchara, utilizar el cuchillo para cortar.

79.   ¿En qué consiste la dieta gluten free? ¿Todos los niños deben seguir esta dieta?

Consiste en eliminar de la alimentación diaria la ingesta de cereales como el trigo, la avena, la cebada y el centeno. Estos alimentos contienen un componente, el gluten, que es considerado muy alérgico.

Aunque es un tema controversial, hay estudios que mencionan una relación entre la intolerancia al gluten y algunos comportamientos que suelen ocurrir con el autismo como por ejemplo la hiperactividad.

Muchas veces esta dieta se acompaña con la eliminación de la caseína que es la proteína de la leche.

Hay distintas opiniones respecto a estos temas dietéticos y si se decide entrar por este camino, la sugerencia que se les hace a los padres es que vivan la experiencia de esta dieta por lo menos tres meses; que observen y registren qué sucede en este período.

Se debe ser estricto para que las conclusiones tengan sentido.

Hay familias que reportan cambios significativos como mejora en el sueño, que la hiperactividad e irritabilidad disminuyen y hay familias que no registran cambios significativos.

80. ¿Cómo puedo saber si mi hijo tiene problemas gastrointestinales?

Hay muchos estudios que señalan la coocurrencia de este tipo de trastornos en las personas con autismo.

Síntomas como dolor de estómago, mal aliento, reflujo gástrico, diarreas, vómitos o trastornos del sueño suelen expresar que hay un tipo de problema gastrointestinal.

El niño puede estar padeciendo de infecciones bacteriales, candidiasis, acidosis tubular, hernia hiatal, entre otros.

Si se presentan síntomas que hagan sospechar problemas gástricos es importante observar con qué frecuencia suceden y hacer que el niño sea valorado por un gastropediatra que ayude a encontrar la causa y el tratamiento adecuado.

AUTONOMIA

81. ¿Un niño con Autismo puede llegar a ser autónomo?

Sí. Cuando hablamos de autonomía nos referimos a la capacidad para hacer las cosas por sí solo, el poder realizar diferentes actividades de la vida cotidiana sin ayuda.

El trabajo de autonomía persigue la formación de adultos independientes y debe hacerse con los hijos desde edades tempranas.

Se debe iniciar con actividades de la vida diaria como lo son:

- Higiene y aseo personal

- Baño y ducha

- Vestirse y desvestirse

- Alimentación y comer

82.   ¿Los niños con Autismo presentan dificultad para adquirir control de esfínteres?

El control de esfínteres varía de un niño a otro. Se adquiere cuando el niño está maduro para ello y se puede hacer evidente en señales tales como un pañal seco al día siguiente o cuando el niño se lo quita dando muestras de que le molesta.

Suele lograrse primero el control de esfínteres diurno. El control nocturno toma más tiempo y puede llegar incluso meses después.

En niños con autismo resulta eficaz la enseñanza del control de esfínteres a través de claves visuales.

83.   Mi hijo se escapa con frecuencia ¿Puede estar relacionada esta acción con su

condición? ¿Cómo controlar estas situaciones?

Si hay relación. Las conductas escapistas son una forma de huir del lugar donde se está sin medir el peligro.

Por un lado, la persona siente urgencia de moverse hacia otra parte sin tomar en cuenta las convenciones sociales del lugar donde está y por el otro se es un poco ingenuo en relación con las consecuencias y el peligro de la huida. Estos dos componentes, el sentirse incomodo en un sitio y la ingenuidad social, se dan con frecuencia en el autismo.

El niño con autismo puede moverse de donde está porque algo llama poderosamente su atención, por ejemplo, una piscina, un techo, porque está aburrido, por ansiedad, porque no entiende la actividad que se realiza en el salón de clases o por problemas sensoriales, por ejemplo, huye de algún sonido en particular.

El problema de estas conductas son las consecuencias que pueden acarrear.

Se debe verificar la seguridad del lugar donde esté el niño, observar con detenimiento dónde se encuentran los límites en que puede moverse en forma segura y alertar a las personas que pueden ayudar con el control, por ejemplo, al portero de la escuela.

También se sugiere trabajar historias sociales, una actividad que puede realizar el docente en el aula captando el interés de todos los niños y del niño con la condición.

DESTREZAS MOTORAS

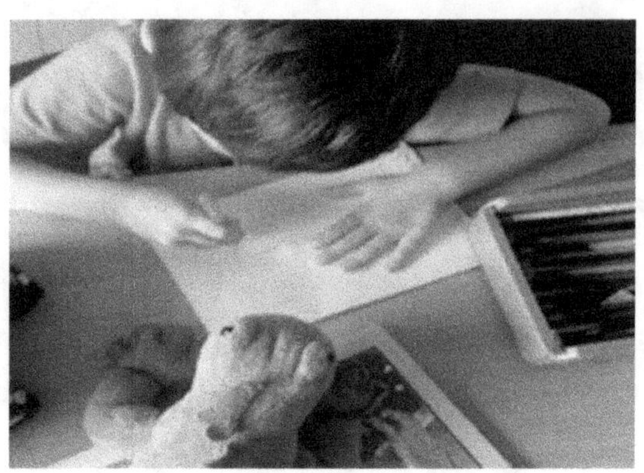

84.   La docente de mi hijo dice que debe reforzarse la motricidad fina. ¿A qué se refiere? ¿Cómo lo hago?

La motricidad fina se refiere a movimientos que requieren atención y habilidades para realizar actividades que implican control de manos y dedos como cepillarse los dientes, abotonarse la camisa, usar los cubiertos, atarse las trenzas.

Muchos niños con autismo tienen dificultad en el desarrollo de la motricidad fina, esto se evidencia en el colegio en la rigidez que presentan al escribir a través de un trazo fuerte y mucho cansancio.

En el hogar se puede reforzar con actividades sencillas como rasgar, recortar, hacer collares de pasta corta, amasar, pintar con los dedos, creyones, pinceles, armar rompecabezas, hacer construcciones, armar legos, coser, cocinar o jugar con plastilina haciendo figuras.

Mientras mejor sea su motricidad fina mejor será su proceso de escritura.

85. El pediatra me dijo que mi hijo es hipotónico ¿Qué significa? ¿Quién debe atenderlo?

Un niño hipotónico se refiere a un niño que presenta disminución del tono muscular esto significa que sus músculos permanecen en un estado flácido que le dificulta los movimientos e incluso, en algunos casos, las posiciones de reposo.

Se sugiere trabajar actividades encaminadas a favorecer el aumento del tono muscular y buscar ayuda con un fisioterapeuta o terapeuta ocupacional

Desde el hogar los padres pueden hacer actividades que beneficien al niño como subir y bajar escaleras, ejercitarse en columpios, sobrepasar obstáculos de diferentes inclinaciones, trepar, halar, empujar hacer deporte como natación y en general, actividades que refuercen sus destrezas motoras.

86. Mi hija se tropieza con frecuencia ¿Esto es normal que ocurra?

Está relacionado a destrezas en la motricidad gruesa, que es la capacidad para mover los músculos de forma equilibrada; implica agilidad, fuerza y velocidad a través de diferentes movimientos.

Los niños con autismo son propensos a torpeza motora, por lo que es importante disponer de un espacio diario para realizar actividades físicas como saltar, correr, trepar, montar bicicleta, jugar pelota, ejercicios que sin duda van a ayudar a mejorar su coordinación, su autoconciencia corporal y a fortalecer sus piernas.

87. Mi hijo presenta rechazo a la escritura ¿Puede ser algo motor? ¿Qué debo hacer?

Pueden ser varios motivos, en primer lugar, hay que revisar si hay interés en aprender a escribir porque muchas veces en la escuela se busca que los niños aprendan a escribir sin motivar el por qué les resulta conveniente hacerlo.

Si hay interés pueden ser varios los problemas que estén incidiendo. Un agarre inadecuado del lápiz afecta de manera negativa el control de los movimientos y hace que el niño escriba con escasa direccionalidad o con trazo fuerte que le ocasiona cansancio. En estos casos necesitará mayor tiempo para realizar ejercicios.

Puede ser también una alteración sensorial al contacto con el lápiz o deberse a dificultades en el desarrollo de la motricidad fina.

Hay que prestar mucha atención a los métodos y las motivaciones que se usan para enseñar a escribir. Un niño motivado celebra cada cosa que escribe, mientras que la enseñanza sin motivación puede ser una de las actividades más traumáticas para el niño con autismo.

En muchas escuelas aún se llena la pizarra y se espera que todos los niños por igual copien lo que escribió la maestra. Esto puede causar ansiedad en los niños que se dan cuenta enseguida que, por una razón u otra, ellos son más lentos que sus compañeros.

Si el niño presenta rechazo a la hora de escribir, se sugiere una valoración inmediata por un psicopedagogo o terapista ocupacional para definir la causa primaria y realizar el respectivo abordaje.

Niñas y Autismo

*"La cara del autismo está cambiando,
y más a menudo de lo que nos damos cuenta,
esa cara está usando lápiz de labios"*
Jennifer O'Toole

88. ¿En mi caso, es mi hija la que está dentro del espectro ¿Qué se sabe de las niñas y el Autismo?

En los últimos años se vienen desarrollando investigaciones para comprender con mayor profundidad el autismo desde una perspectiva de género; registrándose que las conductas pueden ser diferentes en ambos sexos. Antes se creía que había una niña con autismo por cada 4 o 5 niños, ahora esta diferencia se pone en duda, se piensa que no es tan grande. En las niñas es común que sus focos sean más sociales, como, por ejemplo, el gusto por la moda, los cantantes del momento, por lo que sus rasgos autistas pueden pasar inadvertidos, principalmente durante los primeros años. Muchas niñas dentro del espectro tienen comportamientos que enmascaran las conductas de su condición y por ello pueden llegar a encajar en su grupo y ser aceptadas por sus compañeros.

89. ¿Cómo nos preparamos en casa para la llegada de la menstruación de mi hija con Autismo?

La menstruación es un hito más en el desarrollo para el cual hay que prepararse con tiempo tomando en cuenta la dificultad que los cambios suelen presentar en la condición autista.

Debe trabajarse con la hija sus cambios físicos, la necesidad de cuidar su cuerpo y los nuevos hábitos de higiene para mantenerse aseada y sana.

La llegada de la menstruación se trabajará de acuerdo con las posibilidades de entendimiento de la joven, puede ser a través de claves visuales o de historias sociales, propiciando el tema para conocer su percepción y de esta manera canalizar dudas o temores.

Hay que tomar en cuenta que el uso de las toallas femeninas, o compresas, puede presentarse como una complicación adicional si hay hipersensibilidad táctil, en estos casos si algo tan pequeño y delgado como la etiqueta de la ropa molesta, podemos imaginar lo que puede significar el uso de estas toallas.

En casa con la madre y si hay hermanas mayores, debe hacerse sobre la menstruación un tema común, que conozca las toallas femeninas que sepa cómo se colocan e invitarla a vivir la experiencia previa de utilizar la toalla para que cuando llegue el momento esté familiarizada. Siempre es importante la anticipación.

Adolescencia y Autismo

*"Yo creo que tú necesitas una herencia autística
para tener un auténtico éxito en las ciencias
y en las artes y estoy fascinada
por los comportamientos y personalidades
de músicos y científicos"*
Lorna Wing

90. ¿Qué conductas son relevantes en un adolescente con Autismo?

La adolescencia, es época de cambios físicos y emocionales en los que suele existir estrés y confusión para cualquier niño en crecimiento. Puede ser particularmente difícil para quienes forman parte del espectro autista y muchos necesitarán apoyo para entender los cambios físicos y emocionales que experimentan.

Es la edad de los grupos, de los amigos, del interés por otras personas, por lo que la falta de destrezas sociales que forma parte de sus desafíos puede ser complicada. Los requerimientos sociales aumentan, tanto con personas del mismo sexo como con personas del sexo opuesto, lo que se evidencia especialmente en las conversaciones en grupo.

Es conveniente que los padres estén atentos a las manifestaciones que se dan en esta etapa de transición. Es importante mantener una relación cercana y comprensiva, observar si hay rechazo a la actividad educativa, tendencia al aislamiento, ansiedad o depresión.

91.   Mi hijo pasa todo el día ansioso ¿Eso tiene que ver con el espectro autista? ¿Cómo lo ayudo?

Si. Se ha comprobado la alta relación entre autismo y ansiedad. Muchos adolescentes con la condición tienen mayor consciencia de su entorno y de sus diferencias con sus compañeros. Saben que son percibidos por los demás como gente diferente y es probable que se sientan agobiados por burlas, maltratos o aislamiento. También se pueden sentir limitados para iniciar conversaciones y encuentros en la forma socialmente generalizada.

Todos estos sentimientos son una fuente de estrés que se ve alimentada adicionalmente por su dificultad para comprender las normas sociales y el lenguaje no verbal usado cotidianamente por sus compañeros.

Los padres pueden ayudar a que sus hijos controlen sus ansiedades. Deben promover conversaciones sobre sus temores y ayudarles a construir alternativas que traigan alivio y refuercen su autoestima. Es preciso que los escuchen y los orienten para que puedan anticipar y mejorar conductas en las diversas situaciones sociales que ellos deben resolver.

Si la ansiedad persiste debe buscarse ayuda con profesionales que tengan experiencia en autismo.

92.   ¿Cómo saber si mi hijo tiene problemas de depresión?

Diferentes estudios coinciden en la depresión con un nivel alto de frecuencia en personas dentro del espectro autista. Esta se manifiesta como pérdida de interés o gusto en sus actividades diarias, disminución del apetito, insomnio o sueño excesivo, poca motivación por sus temas, pérdida de energía o la sensación de no ser útil. En casos más extremos puede llegarse a los pensamientos suicidas.

Para los adolescentes con la condición puede ser difícil el manejo de las diferencias con sus compañeros. Para algunos, esta toma de conciencia puede animarlos a aprender conductas nuevas y a tratar de mejorar sus habilidades sociales. Para otros, el sentimiento de incomprensión y los problemas para relacionarse puede llevarlos a un cuadro depresivo.

Se sugiere a los padres permanecer atentos a cualquier cambio en su hijo, propiciar constante comunicación, motivarlo a que realice actividades deportivas, trabajar su autoestima y autoconcepto y buscar ayuda profesional con experiencia en autismo.

93. ¿Debo hablar de sexualidad a mi hijo con Autismo?

El tema de sexualidad es fundamental que se trabaje con los hijos en cada hogar y si el hijo está dentro del espectro autista con mayor razón.

Es un error pensar que es menos importante educar a los jóvenes con autismo sobre este tema, por considerar que están menos expuestos a problemas relacionados con la sexualidad cuando justamente por su ingenuidad, su escasa experiencia y sus limitaciones de comunicación con personas de su misma edad son temas importantes a trabajar.

No hay que olvidar que su poca madurez social, los hace correr mayor riesgo. Un niño o joven sin una educación sexual es más vulnerable, por lo que las conversaciones sobre sexualidad deben iniciarse en forma temprana.

Si hay un nivel cognitivo o de comunicación limitado es útil trabajar la información a través de claves visuales.

Adultez y Autismo

"No se supera el Autismo, se crece en él"
Dena Gassner

94. Cuando el niño se hace adulto ¿Qué es importante saber?

Los niños con autismo crecen y se convierten en adolescentes, jóvenes y adultos con autismo, por lo que es importante tomarlo en cuenta con el niño en formación.

La mejor manera de prepararse para la adultez es trabajando todo lo relacionado con la autonomía desde edades muy tempranas. Esto incluye el cuidado de su apariencia personal, independencia en el hogar, el aprendizaje para un oficio, la preparación para el trabajo y el manejo de los aspectos administrativos de la vida.

Mientras es adolescente e incluso desde la niñez resulta útil incorporarlo a las tareas domésticas como cocinar, lavar, limpiar, ordenar el cuarto y todas las labores propias del hogar. El objetivo es hacer que en todo lo posible su hijo con la condición se convierta en un adulto competente, con confianza en sí mismo, independiente, integrado a su comunidad y con nociones de cómo cuidarse.

Muchas personas con autismo se desarrollan profesionalmente, forman sus hogares, tienen hijos y alcanzan una vida plena.

Otros con un nivel cognitivo comprometido presentan necesidades de apoyos según sus propias características. El enfoque es siempre, en todos los casos, mejorar su calidad de vida.

95.   Me inquieta si mi hijo con autismo podrá casarse y tener familia ¿Es esto posible?

Sí. Definitivamente es posible. No hay ninguna razón que impida que una persona con autismo pueda tener éxito familiar, social y profesional.

El autismo no es una condición infrecuente y hace unos pocos años había menos capacidad de detección y diagnóstico. Esto significa que las personas con autismo se casaban, tenían hijos y familias como cualquier otro sin que ningún prejuicio social lo impidiera.

En la actualidad, cada vez hay más oportunidades de que las personas con autismo lleguen a la adultez con consciencia de serlo. Este reconocimiento puede sin duda, ayudar a la persona dentro del espectro y a su pareja a resolver de la mejor manera los eventuales conflictos que pudieran presentarse en su relación debido a la condición autista.

Es claro que existen muchas causas por las cuales en una pareja y en una familia puede haber problemas. En estos casos, existen las dificultades con o sin autismo.

También hay que destacar que el autismo es un espectro muy amplio donde existen todos los extremos, con sus infinitos puntos medios. En casos en que el déficit de habilidades sociales sea muy marcado el autismo puede hacer difícil las relaciones de parejas.

96. ¿Qué opciones puede tener un adulto con la condición autista y compromiso cognitivo?

Las opciones van a depender de su grado de afectación. Es importante observar y apoyar sus habilidades y destrezas a medida que va creciendo.

Los adultos de menor nivel cognitivo van a necesitar recursos que les apoyen a lo largo de su vida.

Hay países donde se facilitan desde el estado los recursos de apoyo para la vida independiente, como hogares protegidos, centros de atención con prácticas de oficio y recursos de incorporación a la vida laboral especialmente adaptados a sus capacidades cognitivas.

Es conveniente identificar las alternativas que hay en la comunidad en las que la persona pueda participar.

Padres y Autismo

"La calidad de vida de una persona con autismo
depende más del nivel de comprensión de
la sociedad sobre su condición que de
los esfuerzos que haga para ser como nosotros"
Theo Peeters

97. Mi hijo está siendo valorado por posible Autismo y me he dado cuenta de que me reflejo en muchas conductas ¿Puedo estar dentro del espectro autista?

Sucede con frecuencia que cuando los padres están en el proceso de evaluación de sus hijos, les aumenta la consciencia de que algunas de las características que están señalando de sus hijos, ellos las tenían cuando pequeños y que incluso de una u otra manera las manifiestan hasta hoy día. Por eso es común esta pregunta.

La respuesta es que efectivamente los genes que están detrás de muchos rasgos autistas son hereditarios y en nuestra experiencia cuando alguno de los padres piensa que quizás pueda estar también dentro del espectro es conveniente realizar la correspondiente evaluación.

A veces ocurre la pregunta del para qué evaluarse cuando se es adulto. La respuesta es que son numerosas las ocasiones en que cuando un adulto recibe un diagnóstico de autismo encuentra explicaciones para muchos eventos de su vida, actitudes y comportamientos del presente. Esto suele traer tranquilidad.

98. ¿Se puede salir del Autismo?

La idea de que se puede salir del autismo y el afán de buscar el cómo no es algo que ayuda. El solo pensar en esa idea lleva implícito una suerte de censura de la condición autista. No se quiere que las personas con autismo cambien sus características intrínsecas, lo que se busca es que tengan como todas las posibilidades de desarrollar su potencial.

Querer que alguien salga del autismo es como querer que sea otra persona que no es. Es un pensamiento que no beneficia al que lo desea, a la persona con autismo, ni al resto de la familia, es un pensamiento que nace en la no aceptación del otro, cuando de lo que se trata la vida es de estimarnos como somos y ayudarnos a ser cada día mejores.

99. ¿Qué podemos hacer los padres para ayudar a otros y mejorar la atención al Autismo?

Además de ayudar a desarrollar el potencial de su hijo dentro de la familia, los padres que entienden la importancia de mejorar la comprensión del autismo en un contexto social más amplio, pueden hacer mucho.

Nuestra experiencia es que cuando los padres se empoderan con el conocimiento del espectro autista y se comprometen vitalmente, pueden promover cambios significativos tanto en el hogar como en el entorno.

Cuando uno revisa la historia de las fundaciones y asociaciones de padres que trabajan dentro de la causa del autismo se da cuenta de que las mismas fueron fundadas e impulsadas por padres comprometidos.

Aún prevalecen muchos mitos sobre lo que es el autismo, la manera de vincularse y ayudar en la causa. Resulta primordial contribuir a derribarlos y promover nuevas miradas hacia el autismo.

Debemos lograr que las personas con la condición se sientan respetadas y vayan desapareciendo los prejuicios sociales, que generalmente descansan en la falta de información.

En muchos lugares hay temas sociales que resultan cruciales resolver, se mencionan dos relevantes:

Hay que asegurar que el seguimiento al desarrollo en las consultas pediátricas incluya el cribaje de autismo con instrumentos estandarizados. Haciendo esto podemos lograr que muchos niños comiencen a recibir apoyo desde edades tempranas.

Otro aspecto crucial es lograr que nuestras escuelas cambien, que los docentes se den cuenta de que el autismo no es tarea de educación especial y que una maestra con la actitud y el conocimiento adecuado, puede hacer la diferencia en la vida de los niños con autismo que recibe en su aula.

100. ¿Cómo aprender más acerca del Autismo?

Afortunadamente, hoy en día se cuenta con muchas opciones, artículos, libros, películas, blogs, cursos, seminarios, congresos hasta revistas científicas para aquellos que buscan mayor profundidad.

La Internet está llena de información sobre autismo. Sin embargo, se debe tener presente que los recursos de esta red no son siempre confiables ni en sus contenidos ni en sus intenciones.

En particular, en RedParaCrecer, la red donde trabajamos e investigamos, continuamente sumamos diversos recursos desde fuentes confiables. La dirección en Internet es www.redparacrecer.org. Allí pueden encontrarse artículos y libros en formatos digitales accesible en forma gratuita, videos clasificados y post escritos por personas con autismo.

También desde RedParaCrecer ofrecemos todos los años el **Diplomado Cooperativo en Autismo** el cual es totalmente en línea, comprehensivo, teórico y práctico. Los recursos de aprendizaje son permanentemente actualizados y es una excelente oportunidad para que los padres de personas con autismo logren una formación integral que les permita ayudar a sus hijos e incidir activamente en el entorno.

Sobre la Autora

Con más de dos décadas de docencia, psicopedagogía e investigación social, Martha Olivera es parte del equipo fundador de RedParaCrecer, una organización iberoamericana de apoyo y concienciación sobre el espectro autista.

Ha facilitado talleres de formación a padres, docentes y terapeutas en universidades y espacios institucionales en Bolivia, Colombia, Chile, Ecuador, Perú, Paraguay y Venezuela.

Inició su carrera como licenciada en Educación Preescolar, obteniendo un magíster en Educación Especial y un doctorado en la Gestión de la Creación Intelectual en la causa del Autismo. Es certificada en España en instrumentos de diagnóstico de autismo ADI-R (The Autism Diagnostic

Interview-Revised) y ADOS-2 (Autism Diagnostic Observation Schedule) por el Hospital Universitari Mútua Terrassa, Universidad de Barcelona.

Ha representado a RedParaCrecer en varios Congresos Internacionales de Autismo.

Es también autora del cuento "Mi amigo Juan es un niño con Autismo" y es activa en el Instragram @psicopedaleando.

Una autobiografía inspiradora puede encontrarse en www.redparacrecer.org/pub/martha.olivera

Actualmente Martha atiende a personas dentro del espectro autista y sus familiares a través de sesiones presenciales y en línea y puede ser contactada con las siguientes coordenadas:

www.redparacrecer.org/mbr/martha.olivera

martha.olivera@redparacrecer.org

Instagram **@psicopedaleando**

Linkedin **www.linkedin.com/in/martha-olivera**

Sobre RedParaCrecer

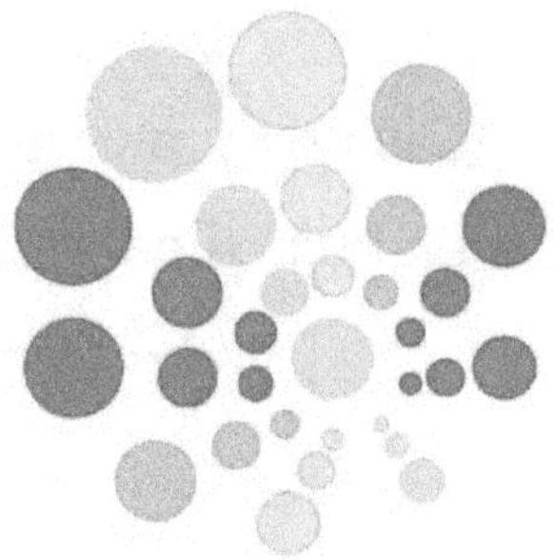

RedParaCrecer es una red iberoamericana de voluntarios que promueve programas de Innovación social desde la causa del Autismo.

La intención es ampliar en forma significativa la cultura de inclusión a través de actividades de sensibilización, formación y desarrollo de competencias en actores claves.

Buscamos dinamizar procesos sociales de aceptación, convivencia y disfrute con personas diferentes. Vemos el autismo como una oportunidad de desarrollo humano. De allí nuestro lema: aprender de la condición autista para crecer todos.

Creemos que interesarse en el autismo es ya una manera de ayudar.

Trabajamos colaborativamente con otras instituciones coorganizando eventos en distintas ciudades. Sumamos esfuerzos con otros, convencidos de que juntos logramos más.

Nuestro Diplomado Cooperativo en Autismo durante una década ha estado formado profesionales en quince países.

Nuestras coordenadas:

www.redparacrecer.org

info@redparacrecer.org

@redparacrecer

Sobre *Mi amigo Juan es un niño con Autismo*

Una historia educativa escrita por Martha Olivera donde su protagonista cuenta de su compañerito de clases, Juan, quién tiene la condición autista. En su relato, se hace evidente que la maestra tiene condiciones excepcionales de sensibilidad y conocimiento de estrategias de inclusión de manera que el cuento se transforma rápidamente en una invaluable fuente de aprendizajes prácticos para docentes y familiares.

Pocas narraciones como esta tienen una capacidad de llegarle simultáneamente a tres públicos: los niños, sus maestras, padres y hermanos.

La historia condensa años de experiencias de aula y numerosas vivencias del trabajo con personas con la condición autista. Un recurso que constituye un aporte, que ha sido gratamente recibido en todos los contextos donde hay niños o niñas dentro del espectro autista.

Con colaboraciones de voluntarios de RedParaCrecer el texto original ha sido traducido a varios idiomas y está disponible en Amazon y el Google Play

www.redparacrecer.org/MiAmigoJuan

Sobre @psicopedaleando

Martha mantiene un espacio social de encuentro en el Instagram donde comparte aprendizajes que nacen de sus actividades como psicopedagoga.

Lo que hace interesante @psicopedaleando es que las historias se despliegan en un formato de narraciones muy cortas donde siempre hay un ingrediente de reflexión que emana de forma natural desde lo que acontece.

Leyendo los textos de @psicopedaleando nos conectamos casi sin darnos cuenta con una perspectiva desde donde se valoran detalles, fortalezas y dificultades, alegrías y penas, que a veces pasan desapercibidas en las escuelas y los hogares.

Seguir las lecturas de @psicopedaleando es conectarse con la experiencia de vivir y a apreciar las intensas emociones del aprendizaje y la educación integral e inclusiva.

Referencias

1. Autismo

Artigas J. & Paula I. (2012). El autismo 70 años después de Leo Kanner y Hans Asperger. Revista de la Asociación Española de Neuropsiquiatría, Vol 32, Nro 115. http://scielo.isciii.es/pdf/neuropsiq/v32n115/08.pdf , consultado enero 2020

Autism Science Foundation. https://autismsciencefoundation.org/, consultado enero 2020

Autism Speaks (2018).Autism Speaks names Top Ten Autism Studies of 2017 https://www.autismspeaks.org/science-news/autism-speaks-names-top-ten-autism studies-2017, consultado enero 2020

Autism Speaks (2019) Autism Speaks names Top Ten Autism studies of 2018 https://www.autismspeaks.org/news/autism-speaks-names-top-ten-autism-studies 2018, consultado enero 2020

Centers for Disease control and prevention (2020) Data & Statisttics on Autism Spectrum Disorder.https://www.cdc.gov/ncbddd/autism/data.html., consultado enero 2020

Cuxart F (1998). Evolución conceptual del término "Autismo": Una perspectiva histórica. Revista de Historia de la Psicología, Vol. 19 No. 2-3 pp 369-388. 1998. https://ddd.uab.cat/record/132911, consultado enero 2020

Hervas A (2016). Un Autismo, varios Autismos. Variabilidad fenotípica en los trastornos del Espectro Autista. [XVIII Curso Internacional de Actualización en Neuropediatría y Neuropsicología Infantil]. Revista de Neurología, 62(Supl. 1), 9-S14.https://www.neurologia.com/articulo/2016068, consultado febrero 2020

RedParaCrecer. (2018) Prehistoria de la humanidad y del autismo http://www.redparacrecer.org/ac/33763, consultado enero 2020

RedParaCrecer. (2018) Día virtual: el futuro del autismo

http://www.redparacrecer.org/ac/21363, consultado enero 2020

Silberman S. (2015) NeuroTribes Penguin Random House New York 2015

Spectrum (2017) Five hot topics in autism research in 2017 Special Reports. December 2017 https://www.spectrumnews.org/features/special-report/five-hot-topics-autismresearch-2017/, consultado enero 2020

Spectrum (2018) Five hot topics in autism research in 2018.https://www.spectrumnews.org/features/special-report/five-hot-topic autism, research-2018/, consultado enero 2020

Silva J, Olivera M (2018). Aproximación al Autismo. RedParaCrecer.

www.redparacrecer.org/ac/34786, consultado en enero 2020

Spikins P. & Wright B (2016) The Prehistory of Austim Rounded globe. 2016 https://roundedglobe.com/books/391da86c-665f-49be-bfa0-9942b52ebc08/The%20Prehistory%20of%20Autism/, consultado mayo 2020

U.S.FOOD & DRUGS. https://www.fda.go/, consultado marzo 2020

2. Alertas tempranas

Canal R, Bedia R, Magán M y Bejarano M (2006). Detección precoz y estabilidad en el diagnóstico en los trastornos del Espectro Autista. Rev neurol 2006; 62. (supl

1) https://www.neurologia.com/articulo/2016014, consultado enero 2020

Martos J (2013). Autismo, neurodesarrollo y detección temprana. Revista de neurología 42(Supl 2): 99-101.

http://www.astrade.es/admin/bibliografia/autismo_ndt.pdf , consultado enero 2020

Palomo R, Velayos L , Garrido M; Tamarit J , Muñoz A. Evaluación y diagnóstico en Trastornos del Espectro de Autismo: El modelo Iridia Equipo Iridia. 2005 http://www.equipoiridia.com/web_ei/Documentos/MODELO_ IRIDIA.pdf, consultado enero 2020

Rattazzi A. (2014) La importancia de la detección precoz y de la intervención temprana en niños con condiciones del espectro autista. http://www.panaacea.org/wp-content/uploads/2016/03/La-importancia-de-la-detecci%C3%B3n-precoz-y-de-la-intervenci%C3%B3n-temprana-en-ni%C3%B1os-con-condiciones-del-espectro-autista.pdf, consultado enero 2020

Busquets L, Miralbell J, Muñoz, P Muriel N. Español N, Viloca L, Mestres M (2018). Detección precoz del trastorno del espectro autista durante el primer año de vida en la consulta pediátrica. Pediatr Integral 2018; XXII (2): 105.e1–

105.e6. https://www.pediatriaintegral.es/wp-content/uploads/2018/xxii02/11/n2-105e1-6_IntEspecial.pdf, consultado enero 2020

Libro blanco de la atención temprana. Federación Estatal de Asociaciones de Profesionales de Atención Temprana (GAT) Documentos 55/2005.

http://www.juntadeandalucia.es/salud/servicios/contenidos/andaluciaessalud/doc/LibroBlancoAtenci%C2%A6nTemprana.pdf, consultado enero 2020

Riviere, A. (1997) Desarrollo normal y Autismo1/2. Curso de Desarrollo Normal y Autismo, celebrado los días 24, 25, 26 y 27 de septiembre de 1997 en el Casino Taoro, Puerto de la Cruz, Santa Cruz de Tenerife (España). https://personal.us.es/cvm/docs/Desarrollo%20normal%20y%20Autismo_Angel%20Riviere_1.pdf, consultado enero 2020

Riviere, A. (1997) Desarrollo normal y Autismo2/2. Curso de Desarrollo Normal y Autismo, celebrado los días 24, 25, 26 y 27 de septiembre de 1997 en el Casino Taoro, Puerto de la Cruz, Santa Cruz de Tenerife (España).

https://personal.us.es/cvm/docs/Desarrollo%20normal%20y%20Autismo_Angel%20Riviere_2.pdf, consultado enero 2020

3. Diagnóstico

American Psychiatric Association(2014) DSM-5: Manual diagnóstico y estadístico de los trastornos mentales (5a ed.). Editorial Médica Panamericana. Madrid. 2014 https://www.psychiatry.org/psychiatrists/practice/dsm, consultado enero 2020

Hernández J, Artigas J,.Martos J, Palacios J,Fuentes, Belinchón M, Canal R, Díez, M, Ferrari A. Hervás .A. Idiazábal F, Mulas J., Muñoz-Yunta J, Tamarit J, Baldías n M,. Posada de la Paz. Guía de Buena Práctica para la Detección Temprana de los Trastornos del Espectro Autista (TEA).

https://www.catedraautismeudg.com/data/articles_cientifics/10/c94a8eca621448d69092585183409ba7-guidetecciotea.pdf, consultado enero 2020

Lord C.; Rutter M.; DiLavore C.; Risi S.; Gotham K.; Bishop S.; Luyster R.;Guthrie W. (2014) ADOS-2 Ediciones TEA. 2014

Rutter M.; Le Couteur A; Lord C. (2011). ADI-R
Ediciones TEA

Organización Mundial de la Salud (2018) Onceava
revisión de la clasificación internacional de las
enfermedades. Trastornos mentales y del comportamiento.
https://www.who.int/es, consultado enero 2020

4. Abordaje

Autism Science Foundation.
https://autismsciencefoundation.org/, consultado enero 2020

Autism speaks (2013) Ciencia y servicios para la familia.
Información para padres tras un diagnóstico de Trastorno
del Espectro Autista (TEA). https://portal.guiasalud.es/wp-
content/uploads/2018/12/GPC_462_Autismo_Lain_Entr_pac
iente_diagnostico.pdf, consultado enero 2020.

Diéz-Cuervo A, Muñoz R, Yunta J, Fuentes J (2005)
Guía de buena práctica para el diagnóstico de los trastornos
del espectro autista. Grupo de estudio de los Trastornos del
Espectro Autista del Instituto de Salud Carlos III. Ministerio
de Sanidad y Consumo. España.Rev Neurol 2005;41 5(299-
310).

https://www.catedraautismeudg.com/data/articles_cientifi
cs/8/ddedcc91420c4a00aec818a57ce05ed2-
guiadiagnostictea.pdf, consultado enero 2020

Mulas F, Ros-Cervera G, Millá MG, Etchepareborda MC, Abad L, Téllez de Meneses M. Modelos de intervención en niños con autismo. Rev Neurol 2010; 50 (Supl 3): S77-84. © 2010 Revista de Neurología.
https://faros.hsjdbcn.org/adjuntos/1839.1-bdS03S077.pdf, consultado enero 2020

5. Espectro autista

Escribano L, Gómez M Márquez C, Tamarit J(2002) Parámetros de buena práctica del profesional del autismo ante las conductas desafiantes. 1 Documento adaptado del presentado originalmente en el XI CONGRESO de AETAPI Santander, noviembre 2002. https://autismodiario.com/wp-content/uploads/2012/02/Buena_practica_autismo_II.pdf?am
p, consultado enero 2020

Hervás A, Rueda I. (2018) Alteraciones de conducta en los trastornos del espectro autista. Rev Neurol 2018; 66 (Supl 1):S31. https://svnps.org/documentos/alter-autista.pdf, consultado febrero 2020

Hervás A. (2017) Desregulación emocional y trastornos del espectro autista. Rev Neurol 2017; 64 (Supl 1): S17-25.

https://pdfs.semanticscholar.org/1810/098937b98a84b7f f2c357c0b6ee995967385.pdf, consultado enero 2020

Rivière Á, Martos J (1997) (Comp) El tratamiento del Autismo. Nuevas perspectivas Ministerio de Trabajo y Asuntos Sociales. Imserso. Madrid. 1997

Rivière Á, Martos J (2000) (Comp) El niño pequeño con autismo Imserso. Madrid. 2000

Rivière A. (2003) Obras Escogidas Compilación de Mercedes Belinchón, Alberto Rosa, María Sotillo, Inés Marichalar Editorial Panamericana. 2003

Vitebsky P. (2005).The Reindeer People: Living with Animals and Spirits in Siberia Houghton, MifflinHarcout. 2005

Wing, L Gould, J.(1979). Severe impairement of social interaction and associated abnormalitiesin children: Epidemiology and classification. Journal of Autism and Developmental Disorders, págs. 11-29.

Wing L y otros (1982) Autismo Infantil. Aspectos médicos y educativos Santillana. Madrid. 1982

Wing, L (1998) El autismo en niños y adultos. Una guía para la familia. Paidós. Barcelona 1998

6. Procesamiento sensorial

Comin, D (2016) Autismo, integración sensorial e investigación. Autismo Diario.
https://autismodiario.com/2016/08/26/autismo-integracion-sensorial-e-investigacion/, consultado enero 2020

Posar A; Visconti P (2018) Sensory abnormalities in children with autism spectrum disorder.Journal de Pediatria, vol 94 nro 4.July/August 2018
http://www.scielo.br/scielo.php?script=sci_arttext&pid=S002 175572018000400342, consultado enero 2020

Sensory Integration Education (1994) What is Sensory Integration 1994.
https://www.sensoryintegration.org.uk/What-is-SI, consultado enero 2020

7. Escuela

Autims speaks, 2016. Apoyos visuales y los trastornos del espectro autista.
https://www.autismspeaks.org/sites/default/files/2018-

10/visual-supports-tool-kit-spanish_0.pdf, consultado enero 2020

Olivera, M. (2014) Mi amigo Juan es un niño con autismo RedParaCrecer ww.redparacrecer.org/miamigojuan, consultado enero 2020

Riviere A (2001) Autismo. Orientaciones para la intervención educativa Trotta. Madrid. 2001

Vázquez M. (2015) La atención educativa de los alumnos con Trastorno del Espectro Autista Aguascalientes. Instituto de Educación de Aguascalientes, Aguascalientes, México. 2015

8. Familia

Baña M (2015) El rol de la familia en la calidad de vida y la autodeterminación de las personas con Trastorno del espectro autista. Cienc. Psicol. [online]. 2015, vol.9, n.2, pp.323-336. ISSN 1688-4094.

http://www.scielo.edu.uy/scielo.php?script=sci_arttext&pid=S1688-42212015000300009, consultado enero 2020

Bohórquez D, Alonso J., Canal R., Martín M., García P., Guisuraga Z., Herráez L. (2007). Un niño con autismo en la familia. Guía informativa para familias de personas con trastorno dentro del espectro autista Universidad de Salamanca: https://autismomadrid.es/wp-content/uploads/2012/06/autismo_en_la_familia.pdf, consultado enero 2020

9. Temas del desarrollo

La Autism Science Foundation https://autismsciencefoundation.org/, consultado enero 2020

Autism speaks (2018). Estrategias para Mejorar el Sueño de los Niños con Trastornos del Espectro Autista. https://www.autismspeaks.org/sites/default/files/2018-10/sleep-booklet-spanish.pdf, consultado enero 2020

Fundación Pelayo (2012) Mis primeros pasos hacia la autonomía. Down España. https://www.sindromedown.net/wp-content/uploads/2014/09/112L_guia.pdf, consultado enero 2020

Food and Drug Administration. https://www.fda.gov/, consultado enero 2020.

10. Niñas y Autismo

Merino M, D'Agostino C, de Sousa V, Gutiérrez A, Morales P, Pérez L. Camba O Garrote L. Amat C. AETAPI. Guía de buenas prácticas en niñas, adolescentes y mujeres con trastorno del Espectro del Autismo. https://creena.educacion.navarra.es/web/bvirtual/2019/01/21/guia-de-buenas-practicas-en-ninas-adolescentes-y-mujeres-con-trastorno-del-espectro-del-autismo/, consultado enero 2020

11. Adolescencia y Autismo

Cuesta J, Vidriales R, Carvajal F.(2016) Calidad de vida en niños y adolescentes con trastorno del espectro autista sin discapacidad intelectual. Rev Neurol 2016; 62 (Supl 1): S33-9. https://www.neurologia.com/noticia/5604/calidad-de-vida-en-ninos-y-adolescentes-con-trastorno-del-espectro-autista-sin-discapacidad-intelectual, consultado enero 2020

Paula I. (2013). Coocurrencia entre ansiedad y autismo. las hipótesis del error social y de la carga alostática. Revista de Neurología, 56(Supl. 1), 45-59. https://www.neurologia.com/articulo/2012652, consultado enero 2020

12. Adultez y Autismo

Alonso J (2017) Calidad de vida en adultos con autismo. Autismo Diario. https://autismodiario.com/2017/09/19/calidad-de-vida-en-adultos-con-autismo/, consultado enero 2020

Vidriales R, Hernández C, Plaza, M, Gutiérrez C, Cuesta J. (2017). Calidad de vida y trastorno del Espectro del Autismo. Confederación Autismo España. http://www.autismo.org.es/sites/default/files/calidad_de_vida_y_tea_coleccion_calidad_de_vida_web.pdf, consultado enero 2020

13. Padres y Autismo

Alexia R (2018) Se amable con el autismo. Editorial Grijalbo.

RedParaCrecer (2020) Diplomado Cooperativo en Autismo. https://www.redparacrecer.org/ac/diplomado, consultado enero 2020

RedParaCrecer. Instituciones que trabajan con el autismo https://www.redparacrecer.org/MapaInstituciones

Créditos de fotografías y dibujos

Inicio del libro, Liscey Coll

Cap. Autismo, Martha Olivera

Cap. Alertas tempranas, Pablo Pinto

Cap. Diagnóstico, Martha Olivera

Cap. Abordaje, Felicia Venegas

Cap. Espectro autista, Participantes Sem. Autismo ULA

Cap. Procesamiento sensorial, Minerva González

Cap. Escuela, María Isabel Troconis

Cap. Familia, Martha Olivera

Cap. Temas del Desarrollo, Liscey Coll

Sub Cap. Sueño, Glennis Márquez

Sub Cap. Alimentación, Tania Contreras

Sub Cap. Autonomía, Minerva González

Sub Cap. Destrezas Motoras, Martha Olivera

Cap. Niñas y Autismo, Ahymed Carreño

Cap. Adolescencia, Juan Pablo Pinto

Cap. Adultez y autismo, Carmen Jiménez

Cap. Padrés y Autismo, Laura Baptista

Publicado por:

**Ediciones
De La Parra**

ediciplesdelaparra.com
PRIMERA EDICIÓN
Venezuela, 2020